るるぶKids

こどもの知的好奇心がすくすく育つ学びスポット 関西

関西エリア83施設を紹介!!

るるぶKids https://kids.rurubu.jp/

“子どもとママパパのおでかけや旅行を通して、
生活をもっと豊かに楽しく”することをコンセプトとした、
子育て中のママパパのためのWebメディア。
家族のおでかけに、楽しくて役立つ情報を配信しています。
本書で掲載している物件も
詳しくご紹介しているので、要チェック!

- 季節のテーマや旬のスポット情報を毎日配信!
- 編集部メンバーは子育て中のママパパばかり!
- るるぶ ID の登録で、もっとおトク&便利に♪

はじめに

「そろそろ習い事始めた方がいいかな…　でも何から始めよう。」
「習い事が続かない！　すぐやめたいと言って、行きたがらない」
「子どもの可能性を広げてあげたいけど、休日の過ごし方はいつも同じになってしまう」
そんな悩みも、子どもに未来を力強く生き抜けるよう成長してほしいと思うからこそ。
特別な何かをしてあげないと、と焦る必要はありません。
子どもの発達の原動力であり、可能性を広げていくのに必要なのは〝知的好奇心《ちてきこうきしん》〟。
知的好奇心は習い事や幼児教室に行かずとも、しっかり育むことができます。
家の近所の博物館や動物園、水族館、美術館で十分。
親子で楽しい時間をもつことや、たくさんの経験をさせてあげることが、
子どもの興味関心を広げるのに何より大切なことです。

本書では、脳医学者の瀧靖之先生の知見のもと、
未就学時期に伸ばしておくといい８つの力を選定しました。
どれも近所にある身近な場所で育むことができる力です。
この８つの力を基準に「こどもの知的好奇心を伸ばす」ことにつなげられる
関西エリアの施設を、学びスポットとして厳選しました。
また、瀧先生が、学びスポットでの子どもへの問いかけポイントを教えてくれるので、
ぜひ参考にしながら、親子の会話を楽しんでみてください。
子どもの意外な回答に思わず笑ったり、真剣に考えさせられてしまったりするかも。
親自身が楽しむことも、子どもの発達にはとても重要なのです。

まず動物園に行ったなら、次は博物館に行ってみてはどうでしょう。
お出かけにバリエーションをもたせることで、知的好奇心は倍増します。
子どもには、さまざまな体験を通して、いきいきと楽しい人生を歩んでほしい。
そんな願いを込めて、この本を作りました。

●本誌掲載のデータは2022年10月現在のものです。発行後に、料金、営業時間、定休日、メニュー等の営業内容が変更になることや、臨時休業等で利用できない場合があります。また、各種データを含めた掲載内容の正確性には万全を期しておりますが、開園状況や施設の営業などは、大きく変動することがあります。おでかけの際には電話等で事前に確認・予約されることをお勧めいたします。なお、本誌に掲載された内容による損害等は弊社では補償しかねますので、予めご了承くださいますようお願いいたします。●本誌掲載の料金は、原則として取材時点で確認した消費税込みの料金です。また、入園料などは、特記のないものは大人料金です。ただし各種料金は変更されることがありますので、ご利用の際はご注意ください。●交通表記における所要時間はあくまでも目安ですのでご注意ください。●定休日は原則として年末年始・お盆休み・ゴールデンウィーク・臨時休業を省略しています。●本誌掲載の利用時間は、原則として開店（館）～閉店（館）です。ラストオーダーや入店（館）時間は、通常閉店（館）時刻の30分～1時間前ですのでご注意ください。ラストオーダーはLOと表記しています。

Contents

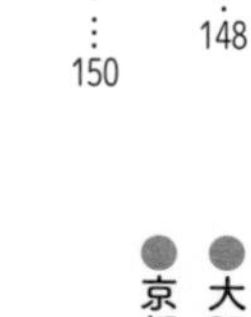

表紙・目次写真：滋賀県立琵琶湖博物館（P22）、ガーデンミュージアム比叡（P139）など

本書の使い方

本書は「こどもの知的好奇心が育つ」関西エリアの施設を、
厳選してご紹介しています。
子どもの体力や興味には個人差がありますので、
所要時間・適齢などは目安としてください。
歩行時間は大人が歩いた時間の目安です。

② 施設の基本的な情報

【SNS】
Twitter、Instagramの施設公式アカウントがある場合は、アイコンを表示しています。

【所要時間】
施設をひと通り巡る際の滞在時間の目安です。

【駅内EV】
最寄り駅構内エレベータの有無。複数路線が乗り入れている場合、1駅にあれば○としています。詳細は各駅にお問合せください。

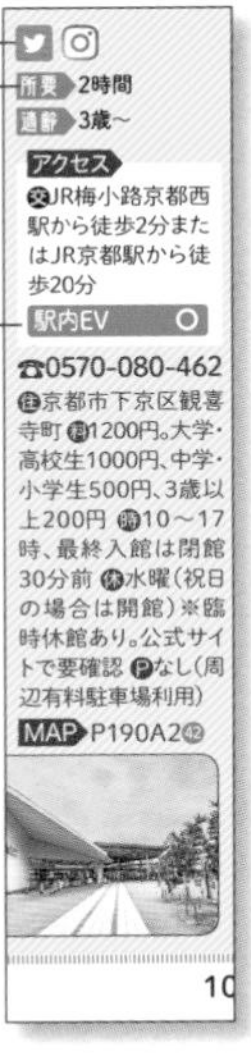

① エリア

都道府県、市区町村、地域を記載しています。

③ 施設 DATA

施設DATA

- 子ども用トイレ ○
- おむつ替え ○
- 授乳室 ○
- ベビーカー利用 ○
- ベビーカー貸出 ○
- コインロッカー ○
- 館内飲食店 ○
- 館内売店 ○

おむつ替えがあるトイレやベビーカー利用可否、コインロッカーの有無など、子どもとのお出かけ時には事前に知っておきたい施設のデータを記載しています。

④ 瀧式判定

子どもの知的好奇心を刺激することで培われる力を、監修の瀧 靖之先生が８つ選定。各お出かけスポットごとに「育つ力」を付記しました。育つ力については、「親子のお出かけ(リアル体験)で伸びる力」(P18)で詳しくご紹介しています。

【育つ力】

洞察力　思考力　想像力　発想力
計画力　コミュニケーション力　思いやり　語彙力

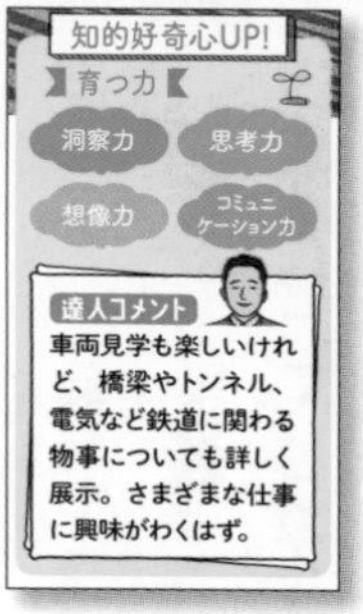

知的好奇心UP!
育つ力
洞察力
思考力
想像力
コミュニケーション力
達人コメント
車両見学も楽しいけれど、橋梁やトンネル、電気など鉄道に関わる物事についても詳しく展示。さまざまな仕事に興味がわくはず。

⑤ 達人コメント

ジャンルの達人がとくにおすすめする施設には、「達人コメント」を入れているので要チェック！

⑥ 知的好奇心をくすぐる！注目ポイント

瀧式判定に基づき、子どもの知的好奇心を刺激する施設内の見どころや注目ポイントを紹介しています。

⑦ ココならでは体験！

子どもが実際に体験できる、施設ならではのイベントや制作体験、アクティビティなど紹介しています。

⑧ 館内（園内）立ち寄りスポット

館内(園内)にあるレストランやショップなど、ぜひ立ち寄りたいスポットを紹介しています。また、■はスポットの所在です。

⑨ エディターズボイス

取材者だから分かる、リアルなお役立ち情報。小さい記事ながら必読です。

※施設のデータは、変動することがあります。また、予約が必要な施設もあるため、お出かけの際には事前にご確認ください。

もっと詳しく知りたいなら♪

るるぶKids をチェック！ → https://kids.rurubu.jp/

るるぶKidsでは、恐竜や動物、昆虫、宇宙、乗り物の
詳しいお出かけスポット情報はもちろん、動物の生態や昆虫の育て方までご紹介！
ぜひ好きなジャンルをチェックしてみてくださいね♪

恐竜が＼大好き！／　動物が＼大好き！／　昆虫が＼大好き！／　宇宙が＼大好き！／　乗り物が＼大好き！／

脳医学者の
瀧靖之先生に聞く！

「知的好奇心」の伸ばし方

脳の研究からみえた！
未来を生きる子どもに必要な「知的好奇心」

脳医学者の瀧《たき》靖之《やすゆき》です。私はこれまで多くの脳画像データを解析したり多くの学術論文を読んできて、「こうゆうことをすると、脳はこうなる」ということを解明しています。その長年の研究のなかで、**子どもの脳の発達の原動力となり、将来の可能性を広げていくのに欠かせないのは「知的好奇心」である**ことがみえてきました。

知的好奇心とは、「これはなんだろう？」「どうなっているの？」「どうしてこうなるの？」と自ら興味を持ち、それについて「深く知りたい！」と主体的に探索したり、没頭したりできる力。もっと簡単にいえば、**ものごとに興味を持って、ワクワクする気持ち**です。

今日パパの服は
総武線だね
ぼくは中央線だよ
（色は全て電車でいう）
あ、
タブレット
連結しといたよ
（充電のこと）

そもそも子どもは、何かに夢中になると、自ら学んでいく力をもっています。電車が好きな子が、車名や型、駅名や路線を次々と覚え、驚かされることがありますよね。電車の動画を見たいあまり、親が教えていないのに、ＤＶＤプレーヤーやタブレットＰＣの操作を自分で覚えてしまうこともあります。これらはまさに知的好奇心のなせる技です。

脳の仕組みでいうと、「記憶」に関わる領域(海馬《かいば》)は、「感情」に関わる領域(扁桃体《へんとうたい》)に隣接していて、とても深い関係にあります。つまり、**知的好奇心を持ってワクワクと意欲的に学んだことは、イヤイヤ覚えたことよりも頭に入りやすく、習得しやすい**のです。

親の願いとしては、学校の勉強や何ごとにおいても、意欲的にいきいきと取り組める子に育ってくれたら嬉しいですよね。

それには、**「知ることが楽しい！」という経験をたくさんして、知的好奇心を高めてあげること！**

脳の成長速度でいうと、3～6歳頃の**未就学時期は知的好奇心を伸ばせる最適な時期**です。

知的好奇心が豊かに育まれると、「主体的な学習ができ、学力も高くなる」「集中力や情報処理能力も育まれる」「幅広い経験を得られ、将来的には専門特化した知識の獲得につながり、才能が開花しやすい」「多くの趣味活動の楽しみも持てる」など、たくさんの研究報告があります。**知的好奇心が高められると、自分の力で人生を豊かに楽しく歩いていける力が増す**のです。

「なんで？」攻撃は、脳が成長している瞬間！
未就学時期は知的好奇心を伸ばすチャンス

子どもの脳は、とても知りたがりです。赤ちゃんは、目にしたものを何でも口に入れて確かめたり、指を差したりしますよね。言葉が話せるようになってくると、片っ端から「これ何？」「なんで？」と質問攻撃をしてきて、ほとほと手を焼いた経験がある親御さんも多いでしょう。ですが、これらはみな知的好奇心の芽。**脳が劇的な成長をしていることのあらわれ**です。

脳の発達は独特で、生まれた時すでに一生分の神経細胞が決まった位置に並んでいます。生後すぐから、神経細胞同士をつなぐ回路（シナプス）が作られ、ネットワークを構築していきます。回路は情報の通り道。脳内に縦横無尽にネットワークがはりめぐらされることで、スムーズな情報伝達ができるようになります。**未就学時期は、このネットワークづくりのスピードがとても速い**のです。

脳の発達にはもうひとつ特徴があります。**脳は、新しいことを知ったり経験したりすることで刺激され、ネットワーク（道）を増やします**。多くの道ができると便利になりますが、反面、無駄なエネルギーも使うことになります。そこで、よく使う道は太く頑強にし、あまり使わない道は壊して、**脳の働きを効率化**するのです。新しい道を作っては壊し、作っては壊し…という作業を繰り返します。

つまり、**子どもが新しいことに出会いワクワクしている時は、まさに脳内のネットワークを広げようとしている時**なのです。「これ何？」「なんで？」の質問攻撃に、親がいい加減な対応を繰り返すと、脳は「〝知りたい〟の道は不要なんだ」と判断し、壊してしまいかねません。

知的好奇心の芽をつまないためには、子どもの問いかけを受けとめること。「今、成長している瞬間なんだ！」と思って、向き合ってあげましょう。子ども同様に、親もワクワクしながら一緒に考え、答えてあげるとより効果的です（詳しくは16ページで解説します）。

知りたい！
やりたい！
こっちは
よく使うから
太くしよう！
ここは
使われてないから
こわしちゃおう！

子どもの知的好奇心をぐんぐん伸ばす方法
お出かけ前のインプットは効果大！

前ページでお話したように、子どもは生まれながらに知的好奇心を持っています。ですが、放っておいても自然に育っていくかというと、決してそうではないのです。

2歳を過ぎた頃から、自分と他人が違うことを理解し、外の世界に意識が向いていきます。そこで、「世の中にはこんなにいろいろなものがあるんだよ」というインプットをたくさん与えてあげましょう。

知的好奇心を豊かに伸ばすポイントは「**できるだけ幅広く、いろいろなものに触れさせてあげること**」。

私の一番のおすすめは「**図鑑**」です。まだ文字や漢字が読めない子でも視覚的に楽しめますし、ジャンルも豊富です。自然科学系のジャンルは、就学後の学習にもつながっていきます。**画集や写真集**なども目で楽しめるのでとてもいいですね。

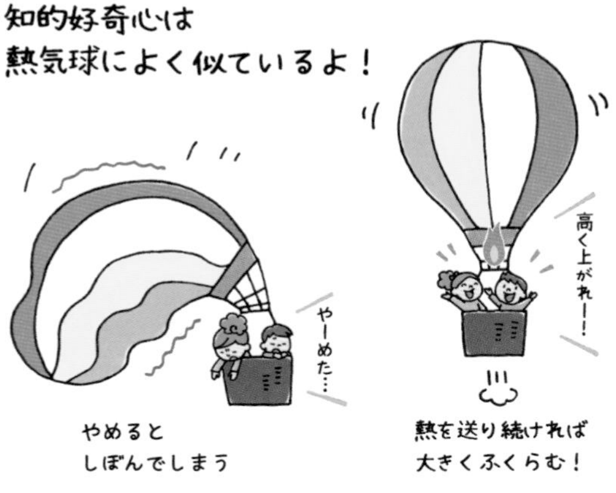
知的好奇心は
熱気球によく似ているよ！
やーめた…
やめると
しぼんでしまう
高く上がれー！
熱を送り続ければ
大きくふくらむ！

また、例えば電車の図鑑に興味を示したら、さらに「この電車はどこを走っているのかな？」と**地図や地球儀**を見せてあげたり、名所や特産物の写真がたくさんのっている**旅行ガイドブック**を一緒に眺めたりするのも楽しそうです。興味関心が大きく広がっていきます。

未就学～小学校低学年ぐらいの時期は、ひとつのものに限定するよりも、幅広く多くのものに触れた方が、脳のネットワークがぐんぐん広がります。**大切なのは、知識をつけることが目的ではなく、「知るのが楽しい、おもしろい！」という経験をたくさんすること。**親子で自由に楽しく、寝る前にほんの少し図鑑を眺めるだけでもいいのです。

そして、**図鑑や本で見たものにリアルに触れられる場所＝博物館や科学館、水族館や動物園、美術館などに出かけましょう！**

脳には、「見たことがある、知っているもの」に親しみを持つファミリアリティという性質があります。博物館などに出かける前に、図鑑で少しでもその世界に触れておくと、実物を見た時に**脳が「これ知っている！」と判断し、親しみがわく**のです。親しみ＝好きという感情は、９ページでお話したように、知的好奇心をぐっと高めます。小さな子は図鑑を見せてもすぐ飽きてしまうこともよくありますが、決して無意味ではありません。ほんの数分でも、繰り返し接することで、ファミリアリティはより高まります。

お出かけリアル体験で、知的好奇心がさらに倍増！
子どもの脳には、何がおきる？

図鑑や本などで見たもの（バーチャル）を、実物（リアル）に結びつける体験で、知的好奇心はさらにぐんぐんアップします。関西周辺には、博物館や水族館などの知的好奇心を刺激してくれる学びスポットがたくさんありますね。ぜひ、親子で出かけてみましょう！

博物館などでのリアル体験には、図鑑だけでは知り得ないことが満ちあふれています。実際の大きさ、動きや迫力、音、動物や生物のエサやウンチの匂いなどにより、**五感をフルに刺激**されます。子どもが五感で感じた新しい発見や感動というのは、バーチャル以上にワクワク感をうみだし、「もっと知りたい、深く知りたい！」と知的好奇心を倍増させるのです。

バーチャルとリアルが結びついた時の子どもの脳には、**ドーパミン**という神経伝達物質が流れだします。

ドーパミンは、楽しくてしかたがない時に流れ出します。またドーパミンが流れると脳は「気持ちの良さ」を感じます。そして、「ドーパミンが流れると気持ちがいいな、この気持ち良さをまた味わいたいな」と脳が感じることで、新たな**「やる気」を作り出すという働き**があります。つまり、「新しいことを知って楽しい」↓「ドーパミンが出て気持ちが良い」↓「もっと新しいことを知りたい！」という、**知的好奇心がすくすく育つ連鎖**が生まれるのです。

ドーパミンにはもうひとつ秘密があります。脳の前の方にある「前頭前野《ぜんとうぜんや》」という領域は、**思考力や発想力、コミュニケーション力、計画力**といった、人間にとって最も高度な働きをつかさどっていて、**6歳頃から発達のピーク**を迎えます。ドーパミンは、この前頭前野に流れ込むルートを持っていて、脳の発達を促すのです。

知的好奇心が刺激されると、さらなる知的好奇心を生み、かつ、生きていく上で大切な能力も育むことができる。博物館などの学びスポットには、そんな可能性がつまっています。

そのことを知ると、家で図鑑を眺めるだけで終わらせてしまうのはもったいないですよね。ぜひ本書を参考に、子どもと一緒に、お出かけ計画を立ててみてください。

子どもは、親のワクワクを脳の鏡に映し出す！

子どもの知的好奇心を育むのに、もうひとつ、ぜひ知っておいてほしい重要な脳のメカニズムがあります。

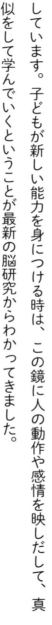

「子は親の鏡」という言葉がありますが、脳は本当に鏡を持っています。**ミラーニューロン**という神経細胞で、まさに鏡の働きをしています。子どもが新しい能力を身につける時は、この鏡に人の動作や感情を映しだして、真似をして学んでいくということが最新の脳研究からわかってきました。

ということは、**知的好奇心が旺盛な子に育てたいなら、親自身が知的好奇心を持つこと**がカギ！

最初にお話したように、知的好奇心とは、興味を持ってワクワクと楽しむ気持ち。まずは親が楽しむこと、楽しんでいる姿を見せることがとても大切なのです。

「せっかく博物館に連れて行ったのに、子どもが興味を示さない」という時は、まず、自分自身が楽しんでいるか、思い返してみてください。知的好奇心を高めようと思うがあまり、「興味をひくことを教えてあげなきゃ」と必死になりすぎては、むしろ逆効果です。また、たとえ親が思ったような反応がなくとも、先々の学習や何かの折にその世界に触れた時に、13ページでお話したように「これ、知ってる！」という経験が大きく影響してきます。**未就学時期は子どもの反応に一喜一憂せずに、長期的な目で幅広い体験**をさせてあげてください。

繰り返しになりますが、知的好奇心を育むには、知識がつくことよりも「知るのが楽しい！」という経験をたくさんすることが重要。**親自身もワクワクしながら「子どもと一緒に楽しもう」という気持ちが一番**です。

「うわ、すごい！」「これおもしろい！」「へえ知らなかった！」など、親が心に思ったことを率直に口にすると、子どもも楽しくなります。さらに、**親子の会話を楽しむことが何より効果的です。**会話の仕方に正解はありませんが、22ページからの**問いかけポイント**も、参考にしてみてください。

目的地までの交通経路を一緒に考えたり、帰りの電車で、博物館で見たことのクイズを出しあってみるのも楽しそうですね。帰宅後に、博物館で見てきたものをまた図鑑で探してみるのもおすすめです。親子にとって「○○博物館に行った時、すごく楽しかったね！」と思える時間になれば、それは必ずや知的好奇心の成長にプラスになります。

子どもは、低年齢のうちは大人が与える環境でしか世界を広げられません。ぜひ、親子でどんどんお出かけして楽しい時間を共有し、人生を豊かにする可能性を広げてあげましょう！

親子のお出かけ（リアル体験）で伸びる力

知的好奇心は脳の成長の原動力となり、**未来を生きるために必要なさまざまな能力**を育みます。知的好奇心を土台に培われた力は、のちの学力向上にも大いにつながっていきます。本書では、各学びスポットごとに、主な「育つ力」を付記しました。ぜひ、子どもとのお出かけ先選びの参考にしてみてください。

洞察力

洞察力とは、**よく観察し、奥深い部分まで推測して見抜く力**です。脳全体を協調して働かせ、観察した情報や記憶などを照合し、違和感や違いを探し当てます。洞察力の土台となるのは観察する力。**知的好奇心から生まれる「あれ何？」「なんで？」の質問攻撃は、観察力が育まれている時**です。

思考力

思考力とは、**さまざまな事柄を見て判断したり、論理的に考える力**です。脳では主に、前頭前野がつかさどっています。判断したり考えたりするためには、記憶が非常に重要です。記憶は、9ページで述べたように**「好き！知りたい！」いう思う感情と相関があり、知的好奇心とは密接な関係**にあるのです。

知的好奇心が
脳の成長を促す！

脳はうしろから
前へ発達するよ

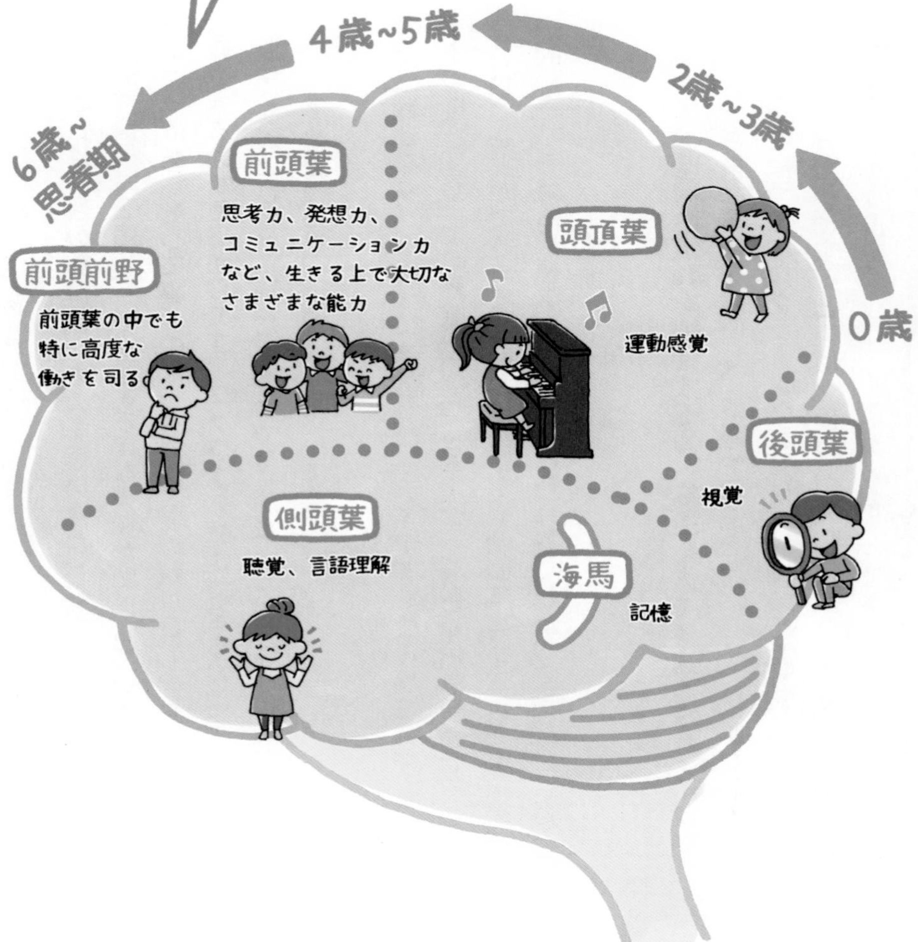

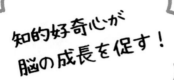

想像力

想像力（イマジネーション）とは、**目の前にないものを思い浮かべる力**です。9ページでお話した記憶に関する海馬や、前頭葉を始め、脳のさまざまな領域が関係しています。赤ちゃんが「いないいないばあ」をして喜ぶのは、「前にママの顔がここから出てきた」という記憶をもとに、想像できる力があるからです。**ワクワクと想像できる力は、まさに知的好奇心が源**。博物館などでずっとひとつの場所で夢中で見入っている時は、自由な想像力が高まっている時と考えて、少し気長に待ってあげるといいですね。

発想力

発想力とは、**想像力が土台となり、新たな工夫や着想、アイデアを生み出す力**です。アイデアを生み出す源となるのは、これまでの経験や知識。さまざまな情報を組み合わせることで、新たなアイデアを思い描くことができます。脳では前頭葉や側頭葉などさまざまな領域を協調して使います。**知的好奇心を持ち、幅広いジャンルに触れることが、豊かな発想力を育む**ことにつながります。

計画力

計画力とは、**先を見通す力、時間の流れを把握する力、筋道を立てて進められる力**です。前頭葉を主体に、脳のさまざまな領域を駆使し、情報や記憶を統合して、複雑な思考や判断を行います。小学校で必修となったプログラミング教育は、計画力を養うものです。乗り物系のジャンルだけでなく、**お出かけするときに交通経路を一緒に考えたり、時刻表を見たりするのもとても良い経験**になります。

コミュニケーション力

コミュニケーション力とは、ＩＴ変革が進むこれからの未来にますます重要視されている力で、知的好奇心同様、**学力向上にも深く相関する力**です。言語、感情認知、社会性などの能力が複合的にからみあい、さまざまな脳の領域を協調して使います。コミュニケーション力のベースとなるのは、**親との愛着関係**です。**親子が一緒に何かに興味をもち、お出かけをしてワクワクと楽しむ経験は、まさにとても効果的**です。会話も大いに楽しんでください。

思いやり

思いやりとは、**相手の気持ちを理解し、寄り添える力**です。コミュニケーション力や社会性の土台となり、**「人とともに生きる力」**と言えます。脳では主に前頭前野がつかさどります。動物園や水族館、昆虫博物館などで、**生きものの命に触れる体験**は、知的好奇心とともに思いやりの心も育みます。

語彙力

語彙《ごい》力とは、**どれだけ多くの言葉を知っているか、使いこなせるかという力**です。脳では主に言語をつかさどる側頭葉を使います。**親子の会話、読み聞かせ、読書は語彙力を大きく伸ばします**。16ページでお話したように、**子どもの言葉の習得は、基本的に親の真似**です。子どもの「なんで？」を上手に受けとめ、会話を楽しみましょう。

教えて！瀧先生

知的好奇心UP●実践編

滋賀県

草津市●下物町

滋賀県立琵琶湖博物館《しがけんりつびわこはくぶつかん》

昔の琵琶湖周辺には
ゾウやワニが
いたんだよ

存在感抜群の
半身半骨のゾウの展示

A展示室 2階
実は琵琶湖は大きさだけでなく、日本一古い湖でもある。その移りゆく歴史の変化や当時の自然環境、生きものの化石、地層などを再現している。

瀧先生と訪れたのは、全国的にも珍しい淡水専門の水族展示がある「滋賀県立琵琶湖博物館」。同行したのは、好奇心旺盛な小学校2年生の仲良し7歳コンビです。「琵琶湖の名前は聞いたことあるけど、どんな生きものがいるかな？」とふたりともワクワク♪5歳の弟も一緒に館内を巡ります。

入館ゲートを抜けると開放的なアトリウムが

知的好奇心UP!

育つ力

洞察力　思考力

想像力　発想力

施設DATA

子ども用トイレ	×
おむつ替え	○
授乳室	○
ベビーカー利用	○
ベビーカー貸出	△（要問合せ）
コインロッカー	△（要問合せ）
館内飲食店	○
館内売店	○

所要 4時間

適齢 1歳～

アクセス

交 名神高速道路栗東ICから県道559号経由で約25km

☎077-568-4811

住 草津市下物町1091

料 800円。大・高校生450円、中学生以下無料（企画展は300円。大・高校生240円、中・小学生150円）

時 9時30分～17時、最終入館は閉館1時間前

休 月曜（祝日の場合は開館）、ほか臨時休館あり（詳細は公式サイト参照）

P 420台（1回550円 ※博物館利用で無料サービスあり）

MAP P190C1①

個性あふれる展示方法で知られざる琵琶湖の魅力に迫る

2020年10月にグランドオープンした「滋賀県立琵琶湖博物館」は、関西の人々の暮らしを支える琵琶湖の魅力に迫る大規模博物館。淡水生物の展示としては国内最大級の水族展示や、ARなど新技術によるタブレット利用の展示、子どもも大人も夢中になれる体験型の展示など、どのエリアにも興味深くて刺激的な内容ばかり！今の琵琶湖についてはもちろん、約400万年前に誕生した古代湖としての歴史のほか、懐かしい日本の文化も楽しく学べる。目の前には琵琶湖が広がり、ロケーションも魅力的。観賞後は、ゆっくり湖畔の散策もしてみよう。

Editor's Voice

瀧先生による親から子どもへの「問いかけポイント」を参考にしながら館内を巡ってみてください！

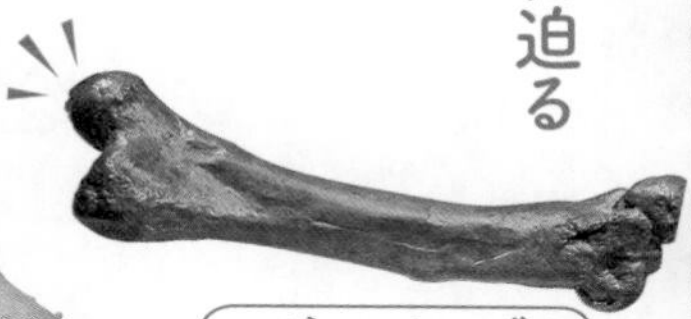

スギ花粉の化石模型

現在、琵琶湖の周りにあるスギ林の多くは、人工林である。激しい気候の変化によって移りゆく森の自然についても学ぼう。

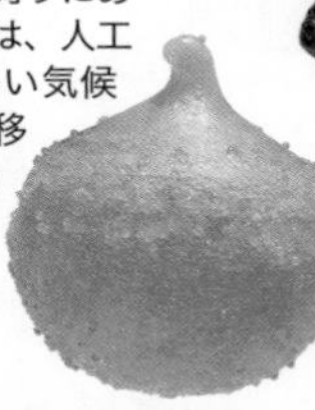

ツダンスキーゾウの大腿骨

アケボノゾウの祖先にあたるツダンスキーゾウは、高さ4mもある大型のゾウ。アケボノゾウの大腿骨と大きさを比べてみよう。

半身半骨ゾウ標本は世界初！骨格と肉付きの両方を見比べてみよう。

ツダンスキーゾウ半身半骨展示とアケボノゾウの骨格標本

手前はアケボノゾウの骨格標本で、奥はそのアケボノゾウの祖先とされる高さ4mのツダンスキーゾウの半身半骨展示。後ろから骨格を観察するとさらに想像力が高まる。

地層から昔の環境がわかる！？

まおりくん(5歳)

ものがたりがねむるところ

琵琶湖の周りの古琵琶湖層群とよばれる地層から発見された化石などを、子どもでもわかりやすくタッチパネルで案内。

施設の裏側から琵琶湖が一望できる遊歩道の「樹冠トレイル」へとつながる

琵琶湖ってどのぐらい大きいの？
面積が約670㎢あって、日本で一番大きい湖だよ
瀧先生
そうまくん(7歳)
りおなちゃん(7歳)

問いかけポイント

問いかけは、例えば化石だからといって科学や生物にまつわる必要はありません。関連するものを大人が幅広く捉えると会話がより広がります！

出発！丸子船《まるこぶね》ARコーナー

琵琶湖の重要な交通・輸送手段として、昭和初期まで日常的に利用されていた丸子船。専用のタブレットをかざすと、琵琶湖を帆走する丸子船と江戸時代の湖の周辺風景が映し出される。

B展示室 2階

縄文時代から近年までの森・水辺・湖・里…など自然の移り変わりが学べる。ジオラマや絵図、ARなどさまざまな展示から、当時を振り返ることができる。

丸子船の後ろに描かれた近江八景にも注目！

ARで見るとリアルでわかりやすい♪

問いかけポイント

目にしたものをそのまま言葉にするだけでも、子どもは見入ります。大きさや数字、色などは、小さな子でもわかりやすいですね！

縄文人の生活を疑似体験しよう

縄文くらし

縄文時代の森を再現。約4000年前の琵琶湖周辺は、常緑広葉樹のカシ類を中心に豊かな自然に恵まれていた。その自然をうまく利用した、人々の暮らしをのぞいてみよう。

はやし言葉に合わせてうまく鳴らせるかな

虫送り

「虫送り」とは米づくりの際の害虫を追い出す行事で、近江では6〜8月にみられる。ここではかねを鳴らして虫送り体験ができる。

縄文人なりきりハンズオン

獲物に狙いを定めて！

こちらの展示室には、当時の様子を再現したフォトスポットも点在しており思い出作りにもぴったり。弓矢でシカを狙ったポーズをしてみよう。

ダイナミックに写真撮影♪

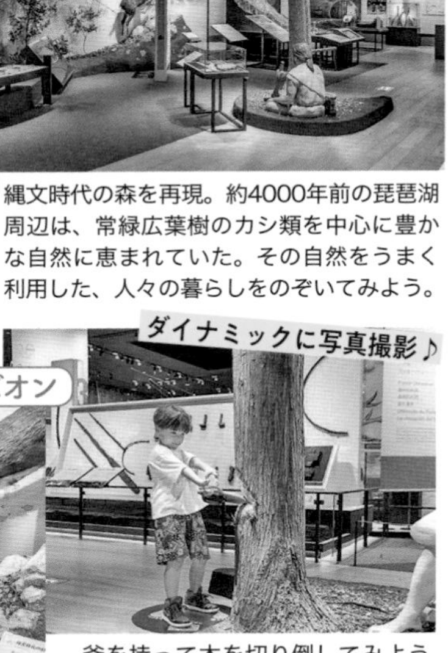

斧を持って木を切り倒してみよう。縄文人の暮らしを学びながら、当時の体験もできる。

滋賀県で見られる生きものをチェック！

生き物コレクション

琵琶湖をはじめ自然豊かな滋賀県に生息する、多様な生きものを標本で紹介。大小さまざまな鳥や魚、昆虫や植物など、種類の多さに圧倒される。琵琶湖水系でしか見られない生きものは必見。

ビワマス
琵琶湖にのみ生息するサケ科の淡水魚。大きいもので60cmほどに成長し、さまざまな郷土料理で食べられる

ゲンゴロウブナ
琵琶湖の固有種で体長は30〜40cm。カワチブナやヘラブナは、ゲンゴロウブナが品種改良されたもの

C展示室 2階

琵琶湖の周辺に育つヨシや生きものの生態など、自然や生き物とのつながりを紹介。また、昭和中期の建物を移築し、昔の暮らしも体験できる。

ヨシ原の日本で一番
小さなネズミにも注目

ヨシ原に入ってみよう

琵琶湖の水中から陸上に育つヨシは、高さ4mもある水生植物。季節や天候によって水位が変化するヨシ原に生息する生きものにも注目。

こんなに
食べるの
⁉

ココならでは体験！

カワウが1日に食べる魚の量

琵琶湖では春から秋の初めに多く見られるカワウ。アユを食べるカワウが増えすぎるとアユが減り、漁師が困ってしまうという問題も。このような社会問題もわかりやすく解説している。

琵琶湖マップ

C展示室に入ると、床一面が琵琶湖を中心とした地図になっている。そしてその地図を360度囲むように琵琶湖についての解説が。琵琶湖と自分の住んでいる町、どちらが大きいかな。

問いかけポイント

子どもの自由な気づきに「どうしてそうなのかな？」と考える質問をすると前頭葉などが刺激され更に発想力や思考力が広がります！

床一面が琵琶湖の地図に！

今はどこにいるか
わかるかな？

床一面の琵琶湖マップの周りには、琵琶湖の豆知識が記載されている。今まで知らなかった琵琶湖の新たな発見があるかも！

国内最大級の淡水生物の展示室

琵琶湖の魚は
どんな特徴が
あるかな？

水族展示室 1階

展示面積約2000㎡のエリア内には、琵琶湖とその周辺の淡水生物を見ることができる。古代湖・琵琶湖の固有種やかわいいバイカルアザラシなど見ごたえも充分。

トンネル水槽

琵琶湖の水底にいるような、神秘的な気持ちになれる展示方法が魅力。コイやフナのほか、琵琶湖でしか見られないビワマスやイワトコナマズも探してみよう。

代表的な湖魚コアユが群れる姿は必見

琵琶湖のコアユ

一般的なアユより少し小ぶりなのは、エサの動物プランクトンの量が十分でないからだとか。しかし、うま味が強く、クセの少ないコアユは滋賀県の代表的な夏の味覚として親しまれている。

ココも嬉しい！ 館内立ち寄りスポット

ここだけのオリジナルグッズも充実！

ミュージアム ショップ おいでや

みゅーじあむ しょっぷ おいでや

MUSEUM
SHOP

お菓子やぬいぐるみなどここでしか買えないアイテムのほか、知育グッズ、書籍など多彩なラインナップ。ビワコオオナマズのぬいぐるみ(小)1210円は、滋賀みやげにも◎。

☎077-568-4846 階1階アトリウム周辺
時9時30分～17時 休施設に準ずる

問いかけポイント

博物館の展示の良さはじっくり観察ができること。子どもにわかりやすい言葉を使いながら、特徴や見どころに目線を誘導してあげるといいでしょう。

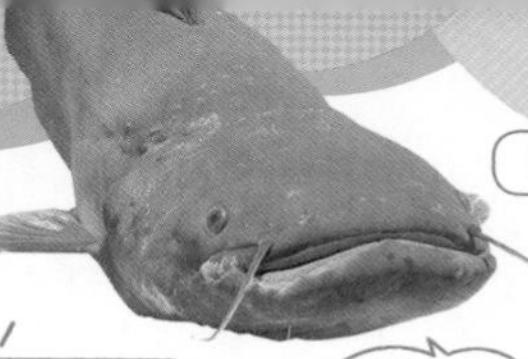

ビワコオオナマズ

存在感のあるビワコオオナマズは、大きなものでは体長1.2m、体重は20kg以上。普段は水槽の底にいるが、運が良ければ泳いでいる姿が見られるかも。

問いかけポイント

比べる質問を投げかけると子どもなりの答えがかえってきます。「わからない」と言われても OK。正解よりも一緒に観察することを楽しんで。

琵琶湖の主ともよばれているよ♪

琵琶湖で最大級の大きさを誇る固有種

バイカルアザラシ

バイカル湖の固有種で、世界で唯一淡水に住むバイカルアザラシを関西初展示。普段の様子やエサやりを見ることができ、クリっとした目と、ぷっくりとしたボディにも注目。

生きた化石と呼ばれる古代魚の特徴を調べてみよう

生きた化石 古代魚

ほかではあまり見ることができない存在感のある古代魚を、子どもたちの目線で観察できる。形態を変えず今も残るチョウザメ類が見られるほか、魚類の進化も学べる。

本物の川魚屋さんのようなユニーク展示

琵琶湖の食文化の展示

高島市の川魚屋をモデルに、琵琶湖で獲れる魚や調理法などを展示。滋賀県は発酵食品も有名で、代表的な食品の「ふなずし」ができる過程を見たり、においを嗅ぐこともできる。

普段は見ることのできないミクロの世界を体感しよう

独特な形をしていておもしろい！

マイクロアクアリウム

実は、琵琶湖の生き物の83%は、顕微鏡を使わないと見ることができない小さな生き物。成安造形大学とコラボしたミジンコ「ノロ」の巨大フィギュアは迫力満点！

ココならでは体験！

ミジンコ「ノロ」を探してみよう♪

日本最大のミジンコ「ノロ」は、最大20mmまで成長する。透明な体をしているので、目を凝らしてじっくり探してみて！

ディスカバリールーム 1階

子どもたちのワクワクがいっぱい詰まったエリア。小さな子でもわかりやすく、五感を刺激する展示や仕掛けが盛りだくさん。時間入れ替え制。開室日などの詳細は要問合せ。

ココならでは体験！

ディスカバリーボックス

土器や花粉のパズルをはじめ、絵あわせや木の重さ比べなど気軽に挑戦できるアイテムがいっぱい。化石を虫眼鏡でのぞいて細部まで観察できる体験もあり、博士気分が味わえる。

ザリガニになろう

大きなザリガニの中に入って、ハサミでエサをつかもう。外国から連れてこられたザリガニが、ミミズやバッタなどにどんな影響を与えているか考えよう。

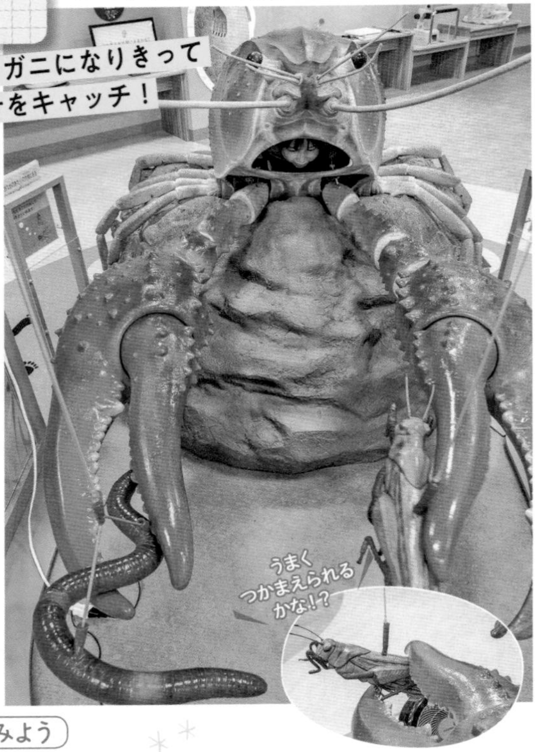

ザリガニになりきって エサをキャッチ！

うまく つかまえられる かな!?

バイカルアザラシと背くらべ

博物館の人気者バイカルアザラシと背くらべしてみよう。

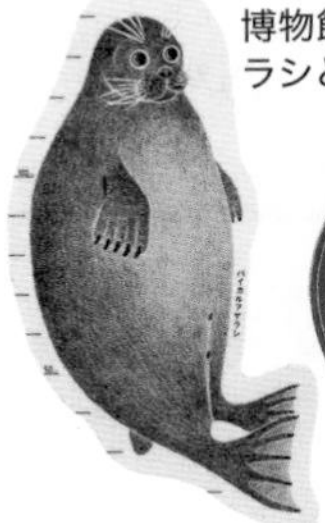

聞いてみよう

動物が出すさまざまな音の仕組みを学んでみよう。

問いかけポイント

展示ガイドや音声ガイド、解説つきツアーを実施している博物館の場合には、大いに利用してみるのも手。予想以上に子どもが楽しめるケースもあります！

大人もまだまだ 知らないことがいっぱい

質問コーナー

実際に研究している学芸員に質問できる。気になったことはこの場で聞いて知見を深めよう。子どものハテナに答えるヒントになるかも。

おとなのディスカバリー 1階

昆虫や鳥類、動物や植物、鉱物…など莫大な標本が壁や棚に並ぶ大人に向けた展示室。実際に顕微鏡で観察することもでき、ついついパパママのテンションも上がる。

大人のロマンが詰まった 多種多様な標本がずらり

実物標本

動物の剥製やチョウの標本など、有名なものからレアなものまで並ぶ様子は圧巻。チェストの引き出しにも隠れているので、チェックしてみよう。気になるものは顕微鏡で調べてみて。

博物館のすぐそばには琵琶湖が一面に広がる

手すりには
成安造形大学の
学生が手がけた
オブジェもあるので
要チェック。

問いかけポイント

もしもその場で答えられない高度な質問をされた場合は「あとで一緒に調べてみよう」がベスト。大切なのは「一緒に向き合う」こと。帰宅後に図鑑で調べたり振り返ったりすることで、知的好奇心はよりアップします！

屋外展示 屋外

森の中にある遊歩道・樹冠トレイルは、琵琶湖が一望できる博物館の新たなシンボル。

エントランスの扉を抜けると樹冠トレイルへとつながる

樹冠トレイルへは、「おとなのディスカバリー」の近くにある扉から行くのが便利。エントランスは大きなガラス張りとなっているので、館内からも琵琶湖を望むことができる。

樹冠トレイル

屋外展示の森を巡る全長150mの遊歩道。展望デッキからは琵琶湖を見晴らすことができ、琵琶湖の風を感じながらやすらぎのひとときが過ごせる。

ココも嬉しい！ 館内立ち寄りスポット ♪♪

眺望を楽しみながらリラックス

レストランにほのうみ《れすとらんにほのうみ》

ライスが琵琶湖の形をしたびわ湖カレー1120円や、琵琶湖の固有種ビワマスを使用した天丼など琵琶湖にちなんだメニューが揃う。大きな博物館なので、途中の休憩にもぴったり。

☎077-568-4819 住館内1階アトリウム周辺 時11時～15時30分（土・日曜、祝日は～16時30分）休施設に準ずる

知的好奇心がすくすく育つ学びスポット

恐竜

恐竜の達人もオススメ！

恐竜に詳しい達人がとくにおすすめする施設には、達人コメントを入れているので要チェック！

恐竜の達人

林大智さん

はやしだいち● 2006年大阪府生まれ　恐竜・古生物イラストレーター。YouTube チャンネル『チャンネル D』にて、古生物学にまつわる様々な情報発信を行なっている。

COLUMN 恐竜の達人に聞きました！…P40

大阪市立自然史博物館「第2展示室」の恐竜の実物大骨格標本

教えて！瀧先生

恐竜が子どもの知的好奇心を育てる理由

恐竜は大昔の生物なので、化石や復元でしか見ることができません。一方で、今もなお新たな発見がニュースになることがあります。独特な姿形、生息した場所や時代、進化と絶滅の過程……実に不思議に満ちていながらも、本当に実在した生物であること、かつ、いまだに謎が解明されていることは大いに知的好奇心をそそりますね。**古生物、地学、歴史、天文学、科学技術など幅広い分野にまたがることも、知的好奇心の連鎖**を呼びそうです。

恐竜への知的好奇心で育つ力 **洞察力・発想力・思考力**など

大阪府

大阪市●東住吉区

大阪市立自然史博物館《おおさかしりつしぜんしはくぶつかん》

身近な世界からつながる
大自然の深淵な物語へ

日常生活で出合うさまざまなことをテーマに、自然の奥深い世界へと導いてくれるミュージアム。テーマごとに4つの展示室に分けられているが、第2展示室で見られる、恐竜の実物大骨格標本が多数並ぶ姿は必見。時代をさかのぼることで、日本列島の生い立ちや地球上に暮らす生きものの歴史も学べる興味深い展示は、「キッズパネル」やさわれる展示など、小さな子どもでも理解しやすいよう楽しい工夫がされている。中学生以下の子どもは、受付でもらえる「たんけんノート」にチャレンジするのもおすすめ。展示を見ながら、親子で正解を考えてみよう。

知的好奇心UP!

育つ力

想像力　発想力
コミュニケーション力　思いやり

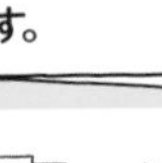

達人コメント

“ゴジラ立ち復元”のアロサウルスなど、恐竜復元の歴史を知る上で貴重な骨格標本が展示されています。

施設DATA

子ども用トイレ	×
おむつ替え	○
授乳室	○
ベビーカー利用	○
ベビーカー貸出	○
コインロッカー	○
館内飲食店	×
館内売店	○

所要 1～2時間
適齢 3歳～

アクセス

交 地下鉄長居駅から徒歩10分またはJR長居駅から徒歩15分

駅内EV ○

☎06-6697-6221
住 大阪市東住吉区長居公園1-23 料 300円。大学・高校生200円、中学生以下無料 時 9時30分～17時（11～2月は～16時30分）、最終入館は閉館30分前 休 月曜（祝日の場合は翌平日） P 長居公園南駐車場利用272台（平日60分350円、1日最大1000円）

MAP P189C3 ②

ポーチには3体のクジラの骨格標本を展示

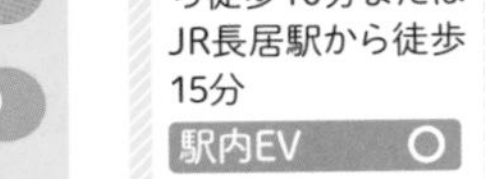

Editor's Voice

さまざまなゲームをしながら学べる第5展示室も子どもたちに大人気です。

知的好奇心をくすぐる！

注目ポイント

恐竜の世界

第2展示室にはアロサウルスやステゴザウルスなどの骨格標本が展示されており、すぐ下から見上げると迫力満点。地下鉄工事で見つかったクジラの化石なども展示。

ナウマンホール

館内に入ってすぐのエントランスホールには、約2万年前まで日本にも住んでいたとされるナウマンゾウと、絶滅した大型シカのヤベオオツノジカの実物大復元模型を展示。

恐竜の実物大骨格標本が並ぶ第2展示室

地球上の生き物

地球上に暮らす200万種とも300万種ともいわれる生物の分布や進化の歴史、それぞれの生物がより多くの子孫を残すための工夫などについて学べる。

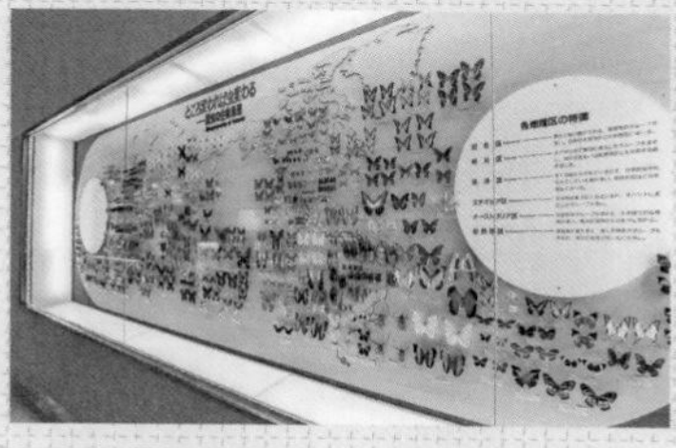

日常の中の一コマ

淀川や大阪湾、家の中など、身近な場所にいる動植物も深く学ぶとおもしろい！キッチンに出没した巨大ゴキブリの模型も、よく観察すると新たな発見があるかも？

さわることができる実物のアンモナイトの化石

ココも嬉しい！

館内立ち寄りスポット

大阪の自然について学べる

ネイチャースクエア《ねいちゃーすくえあ》

♪♪

「ネイチャースクエア」では、スペース全体を大阪の地形に見立てて、中心を流れる淀川やその周囲に広がる平野や丘陵地帯、そこで見られる生物や地層、岩石などを常設展示している。

時休施設に準ずる

ココならでは体験！

本物の恐竜にさわることができる！

本物の恐竜の化石にさわることができる大興奮の体験はまさにココならでは！ 化石とはいえ、本物の恐竜にさわれる体験は子どもたちにとって恐竜がより身近な存在へと変わるきっかけになるはず。

アフリカ大陸で発見された恐竜の大腿骨の化石を展示

京都府
京都市●伏見区

京都市青少年科学センター《きょうとしせいしょうねんかがくせんたー》

大型恐竜や翼竜などの骨格模型や化石は必見

1969年に京都市伏見区深草に開館した、楽しみながら理科・科学が学べる施設。2階展示場では肉食恐竜ティラノサウルスの動く模型や大型恐竜のタルボサウルス、サウロロフスの骨格復元模型が出迎えてくれ、その迫力に圧倒。3階吹き抜けでは、翼を広げた翼竜が獲物を狙っている。インドゾウなど大型哺乳類の骨格標本の展示もあり、恐竜の骨格と比べてもおもしろい。施設内には体験を通して理科や科学の不思議や仕組みが学べる100点を超える展示品や、2020年にリニューアルしたプラネタリウム、遊びながら理科に親しめる乳幼児向けの特別ルームもあり好評だ。

知的好奇心UP!

育つ力
- 洞察力
- 思考力
- 想像力
- 発想力

施設DATA

子ども用トイレ	○
おむつ替え	○
授乳室	○
ベビーカー利用	○
ベビーカー貸出	○
コインロッカー	○
館内飲食店	×
館内売店	○

入館は2階から。入って右側がチケット売り場

所要 2～3時間
適齢 3歳～

アクセス
交 京阪藤森駅から徒歩5分
駅内EV ○

☎075-642-1601
住 京都市伏見区深草池ノ町13 料 520円。高校・中学生200円、小学生100円、乳幼児無料(プラネタリウム観覧料520円。高校・中学生200円、小学生100円) 時 9～17時、最終入館は閉館30分前 休 木曜(祝日の場合は翌日、春・夏・冬休みの木曜は開館) P 30台
MAP P190B2③

知的好奇心をくすぐる!
注目ポイント

Editor's Voice

公式キャラクターはティラノサウルスの子どもの「ティララちゃん」。口から煙をはくのがチャームポイントです。

プロトケラトプス

約8300万～7000万年前に生息していた草食恐竜プロトケラトプスの化石を復元。体長は成体で約２ｍと小型の角竜。どんな顔をしているかな？ 正面からにらめっこしよう。

ティラノサウルス

最強肉食恐竜ティラノサウルスの5分の3模型。スイッチを押すと「ガオー」という吠え声の後、「こんにちわー」と人間の声で解説してくれる。また迫力ある動きも見せてくれる。

吹き抜けの3階まである復元大型恐竜の化石は大迫力!

アロサウルス

恐竜映画でもおなじみ、1億5000万年前のジュラ紀後期を代表する大型の肉食恐竜アロサウルスの貴重な実物化石を展示。目の上にあるこぶ状の突起や鋭く大きな歯を観察しよう。

化石トンネル

生命誕生から現在に至るまでの生き物の歴史を、化石を通して学べるコーナー。貴重な化石の模型を観察したりさわったりして、恐竜や大昔の生きものを体感できる。

化石を通して生きものの歴史を感じよう

ココも嬉しい!

館内立ち寄りスポット

ここでしか手に入らない恐竜グッズも

ミュージアムショップ

みゅーじあむしょっぷ

入場口を進むと右側にあるショップ。恐竜グッズやここでしか買えない科学センターオリジナルのグッズ、キャラクターグッズが揃う。カプセルトイもチェックして。

階 2階
時 11時15分～17時 休 火曜、施設休館日

ココならではの体験!

瀬戸口所長による恐竜の楽しい話

瀬戸口烈司《たけし》所長（京都大学名誉教授）によるサイエンストーク「恐竜ってどんな動物？」を実施。「恐竜の知能は高い？」など毎回テーマも変わる。開催日・テーマは公式サイトで確認を。

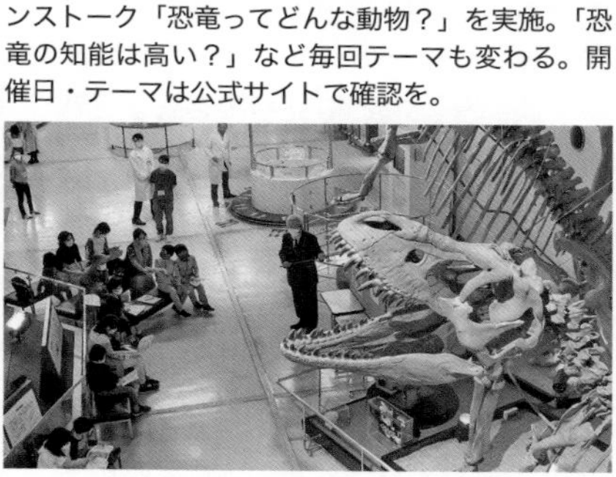

恐竜のことがより分かる約30分の楽しいトークイベント。質問コーナーもある。事前申し込み不要、参加無料

写真提供：京都市青少年科学センター（サイエンストーク画像）

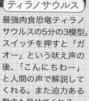

姫路科学館《ひめじかがくかん》（アトムの館）《（あとむのやかた）》

頭部模型や全身骨格化石も展示する

世界有数規模のプラネタリウムがあるなど体験型施設が魅力の科学館。恐竜がテーマの2階ではティラノサウルスが「ガオ～」とお出迎え。タイムトンネルを進むと、アロサウルス、ステゴサウルスといった大きな恐竜の全身骨格や頭部模型なども見学できる。2階には自然に関する展示もあり、姫路の里山を模したジオラマも。3階には身近な不思議を体験できる実験装置があり、4階ではブラックホールなど宇宙について学べて、スペースシアターでは最新の宇宙の話題も聞ける(日時限定)。プラネタリウムを鑑賞するなら投影時間をチェックしてから回りたい。

知的好奇心UP!

育つ力

洞察力　思考力　発想力

施設DATA

子ども用トイレ	×
おむつ替え	○
授乳室	○
ベビーカー利用	○
ベビーカー貸出	○
コインロッカー	○
館内飲食店	×
館内売店	○

約100個の展示物はすべて室内展示

所要 3時間

適齢 6歳～

アクセス

交JR姫路駅からバスで20分、バス停星の子館前下車、徒歩すぐ

駅内EV ○

☎079-267-3001

住姫路市青山1470-15 料520円。高校・中学・小学生210円、幼児無料(中学生以上の付添要)(プラネタリウム観覧料520円。高校・中学・小学生210円、幼児無料) 時9時30分～17時、最終入館は閉館30分前 休火曜(祝日の場合は翌日) P70台

MAP P187A2④

知的好奇心をくすぐる! 注目ポイント

Editor's Voice

ランチはすぐ近くにある「姫路市宿泊型児童館 星の子館」にある飲食施設がおすすめです。

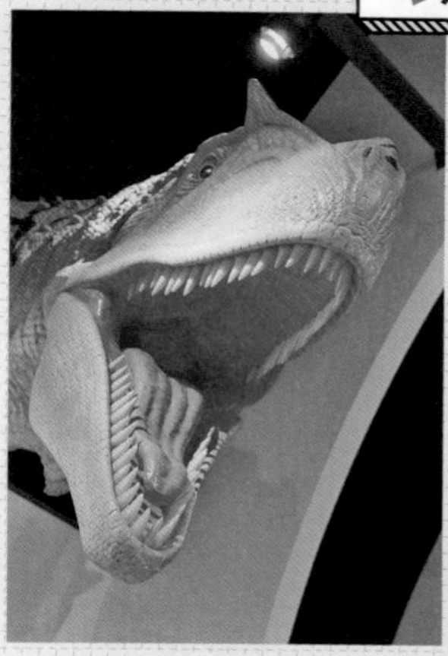

アロサウルスの骨格模型

2階の入口にはセンサーで動くティラノサウルスを展示

タイムトンネル

小さな化石から大きな恐竜の全身骨格までが時系列で並ぶ。ここには、アロサウルスの頭部模型や兵庫で発見された恐竜の化石も。地球46億年の歴史に思いを巡らせよう。

タイムトンネルの先で待ち構えているのがアロサウルス。ティラノサウルスと似ているけど、アロサウルスは前足に爪が3本ある。ほかにも違いはあるかな？　観察してみよう。

モササウルス

巨大な水生は虫類、モササウルスの頭の骨の実物化石も展示されている。大きな頭に、大きな歯も印象的。どんな生きものを食べていたのか考えてみよう。

恐竜クイズ

「これはなんの化石？」「これはだれの歯？」と一枚めくると答えがわかる仕組みの恐竜クイズで遊べるコーナーも。家族で挑戦してみよう。

姫路市立動物園の初代ゾウの実物骨格標本も！

ココも嬉しい！ 館内立ち寄りスポット

レアグッズがいっぱい並ぶ

ミュージアムショップ《みゅーじあむしょっぷ》

恐竜のフィギュア(1760円)や、アンモナイト(660円〜)のほか、化石や鉱物類(220円〜)も豊富に揃う。ここでしか手に入らないレアグッズもあるので見逃せない。

科学館1階
時休施設に準ずる

ココならでは体験！

国内有数の大きさを誇るプラネタリウム

直径27mのドームスクリーンに映し出される映像は圧倒される迫力。太古に生きる恐竜の世界から宇宙旅行へ。各回入れ替え制で、投影ごとにチケットが必要(投影中の出入りはNG)。

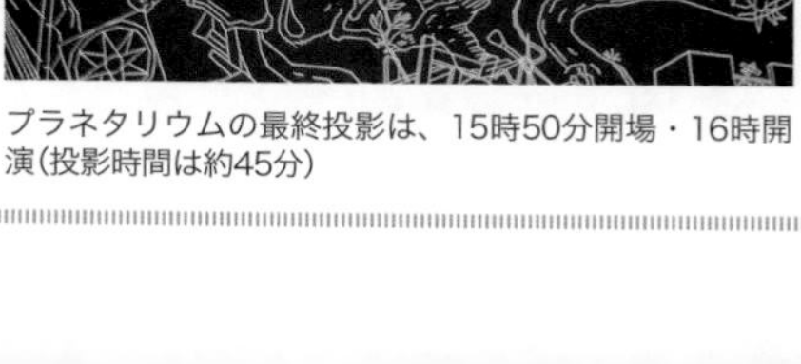

プラネタリウムの最終投影は、15時50分開場・16時開演(投影時間は約45分)

兵庫県
三田市●弥生が丘

兵庫県立人と自然の博物館《ひょうごけんりつひとしぜんのはくぶつかん》

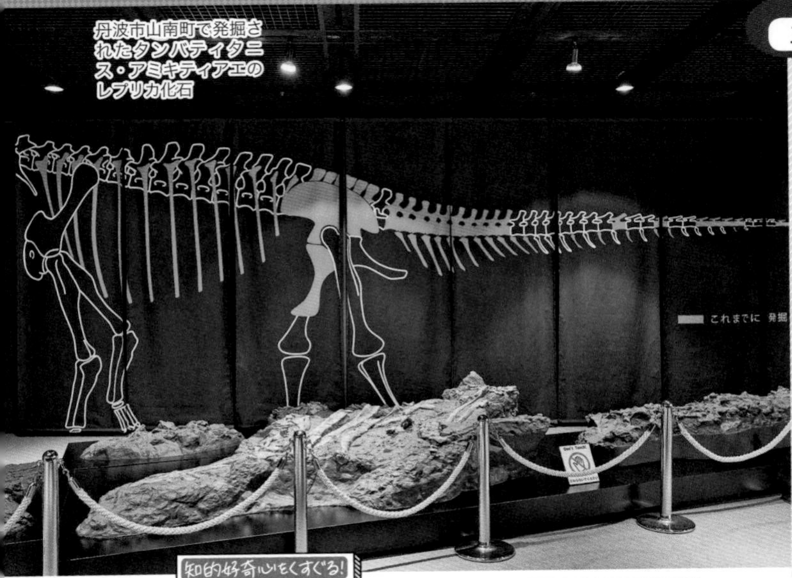

丹波市山南町で発掘されたタンバティタニス・アミキティアエのレプリカ化石

知的好奇心をくすぐる!
注目ポイント

地球・生命と大地

1階にある「地球・生命と大地」エリアでは、約40億年前の生命誕生から人類誕生までの歴史を化石標本などを使って解説。

丹波の恐竜化石

「丹波の恐竜化石」エリアでは、恐竜のしっぽの骨(レプリカ)が触れるコーナーも!じっくり観察してみよう。

ココも嬉しい!
館内立ち寄りスポット

恐竜グッズがずらり
ミュージアムショップ《みゅーじあむしょっぷ》

ひとはくオリジナルグッズをはじめ、本格的な恐竜の模型やプロ仕様の採集グッズ、書籍など幅広く取り扱う。入場無料で利用できる。

🏠エントランスホール 時休施設に準ずる

知的好奇心UP!
育つ力

- 洞察力
- 思考力
- 発想力

通称「ひとはく」で学ぶ恐竜の生態や歴史

西日本最大級の公立博物館。1～3階が常設展示、4階にはさわれる標本、図書コーナー、休憩コーナーがある。3階の展示室では兵庫県丹波市で発掘された恐竜の化石や小動物の化石などを展示。そのほか、人と自然とのかかわりなどを解説したジオラマや実物展示でわかりやすく興味深い。

「人と自然の共生」がテーマの自然史系の博物館

所要 2時間
適齢 6歳～

アクセス
交神戸鉄道フラワータウン駅から徒歩5分
駅内EV ○

☎079-559-2001
住三田市弥生が丘6
料200円。大学生150円、高校生以下無料、70歳以上100円 時10～17時、最終入館は閉館30分前 休月曜(祝日の場合は翌日) Ⓟなし(周辺有料駐車場利用)
MAP P191A2⑤

施設DATA

子ども用トイレ	×
おむつ替え	○
授乳室	○
ベビーカー利用	○
ベビーカー貸出	○
コインロッカー	○
館内飲食店	×
館内売店(エントランスホール内)	○

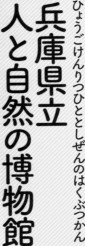

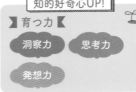

兵庫県
丹波市●山南町

丹波竜化石工房《たんばりゅうかせきこうぼう》ちーたんの館《やかた》

展示フロアの中心に立つ丹波竜の全身骨格模型は迫力満点！

Editor's Voice

土・日曜、祝日には、子どもも参加できる「オープンセミナー」を開催！（兵庫県立人と自然の博物館）

丹波竜の発掘現場をリアルに再現した展示もぜひチェックして。（丹波竜化石工房 ちーたんの館）

知的好奇心UP!

育つ力

洞察力 / 想像力 / コミュニケーション力 / 思いやり

達人コメント

丹波竜の化石の、発見されている部位とされていない部位が一目でわかる全国的に珍しい展示も。じっくり観察してみてください。

知的好奇心をくすぐる!

注目ポイント

丹波竜

丹波竜は正式名称をタンバティタニス・アミキティアエといい、全身骨格模型と合わせて、復元作業もウォールマウントで展示！

恐竜の全身骨格模型

館内には、丹波竜以外にも写真のタルボサウルスなどさまざまな恐竜の等身大全身骨格模型を展示。

化石クリーニング

実際に出土した化石をクリーニングしている様子を見ることができるのも化石工房ならでは。

ココならでは体験！

パズルなど体験も充実！

館内には恐竜の頭部を立体パズルで組み立てるコーナーや、本物の化石にふれることができるコーナーなども設置。

楽しみながら恐竜についての知識が深まる展示も多い

実際に恐竜の化石が発見された地に立つ

日本最大級の恐竜が発見された地・丹波市山南地域に立つ恐竜ミュージアム。通称「丹波竜」の愛称で親しまれるその恐竜は、長い首が特徴の大型恐竜。館では丹波竜の全身骨格模型をはじめ、実物の化石や、丹波竜以外の恐竜の骨格模型なども展示している。

建物から丹波竜が壁を突き破り顔と尻尾を見せている

所要 1時間
適齢 3歳～

アクセス
交 舞鶴自動車道丹南篠山口ICから県道77号経由で約18km

☎0795-77-1887
住 丹波市山南町谷川1110 料 210円。中学・小学生100円 時 10～16時（4～10月は～17時） 休 月曜（祝日の場合は翌平日） P 193台
MAP P187B2 6

施設DATA

子ども用トイレ	×
おむつ替え	○
授乳室	×
ベビーカー利用	○
ベビーカー貸出	×
コインロッカー	×
館内飲食店	×
館内売店	○

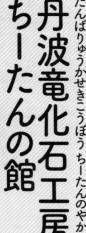

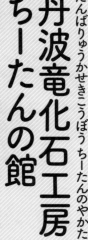

COLUMN

恐竜の達人に聞きました！

恐竜に関するYouTube配信やテレビ出演などで幅広く活躍している林さん。恐竜の魅力やおすすめの恐竜などについて教えてもらいました！

達人はこの人！

林大智さん

はやしだいち● 2006 年大阪府生まれ
恐竜・古生物イラストレーター。幼い頃から恐竜への造詣が深く、YouTube チャンネル『チャンネル D』にて、自ら企画・撮影した恐竜や古生物学にまつわる様々な情報発信を行っている。テレビ朝日系列「サンドウィッチマン & 芦田愛菜の博士ちゃん」、TBS 系列「東大王」などテレビ出演多数。企画展ポスターのイラスト制作も手掛ける。

Q ズバリ！ 恐竜の魅力を教えて！

恐竜はその大きさやカッコ良さなどから、映画ではよく獰猛な怪物のように描かれることが多いですが、私たちと同じ動物の一グループです！恐竜だって怪我をしたり、病気にかかったり、様々な困難と戦っていました。**そんな彼らの生きた姿を思い描くことに、恐竜の魅力はある**のだと思います。

Q 恐竜を好きになったきっかけは？

まだ僕が4歳のときに初めて行った恐竜の特別展で、実物大のティラノサウルスのロボットを間近に目にしたとき、その**大きさと迫力に驚かされたこと**が、恐竜を好きになったきっかけだったと思います。それ以来、恐竜沼にズブズブとハマりこんでいきました…。

Q 子どものころはどんな子でしたか？

僕は高校生なので一応まだ子どもなのですが、もっと小さかったころは毎日恐竜の絵ばかり描いていたと思います。昆虫などの身近な生き物も大好きなので、**珍しいむしがいると必ず捕まえて持って帰ってきていました**。正直今とさほど変わっていません(笑)。

Q 恐竜の仕事でおもしろいと感じるのは？

お仕事として恐竜の絵を描くとなると、正確な復元画にするためにその恐竜について改めて調べ直す必要が出てくるのですが、その度に新しい発見があるので毎回恐竜のおもしろさを再認識させられます。ティラノサウルスやトリケラトプスのような有名な恐竜であっても、**ちょっと気を抜いている隙にガラリと復元が変わっていたりする**ので、毎回驚きの連続です！

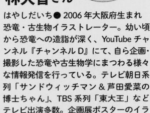

Q 恐竜の達人になるために頑張ったことは？

とにかく気になったことについて、あらゆる方面から調べまくることです！例えば、「この恐竜はどうしてこんな特徴が進化したんだろう？」というような疑問が浮かんだ時、現在生きている動物の中で、同じような特徴を持っている動物がいないか探してみたりします。すると、案外理解できたり、もっとわからなくなったりします。そのわからない事についてさらに調べていくことを繰り返せば、次第に恐竜の達人に近づいて行けると思います。

Q 子どもに紹介したい恐竜は？

ステゴウロス *Stegouros* です！2021年に発表された新種の曲竜類(アンキロサウルスなどの仲間)なのですが、巨大な武器が尻尾に備わっていて**まるでゲームのラスボスのような見た目**をしているんです！めちゃくちゃカッコいいので、僕の推し恐竜のひとつでもあります。

Q 恐竜の達人を目指す子どもたちへメッセージ

自分が恐竜の達人かと問われると、まだまだ程遠い知識量だと思っています。1年前の自分を振り返ってみると、わからないことだらけだったなと感じますし、これからも同じことが繰り返されると思います。ただひとつ、恐竜の達人になるために僕から言えることがあるとしたら、それは、**“恐竜が好き”という気持ちを忘れないこと**だと思います。

Q 休日は何をして過ごしていますか？

いつもは**博物館や恐竜イベントに行ったり、本を読んだり、絵を描いたり**しています。よく昆虫採集しにフィールドワークに行くので、採集した昆虫の標本を作ったりしていることも多いです。オオクワガタとマダガスカルゴキブリの飼育もしているので、その世話も欠かせません！

Q お気に入りの恐竜スポットは？

「**丹波竜化石工房ちーたんの館**(P39)」です！ここには、兵庫県丹波市で発見された竜脚類(4本足で歩く首の長い恐竜の仲間)の、タンバティタニス *Tambatitanis* の全身復元骨格のほか、様々な恐竜化石が展示されています。中でもこの丹波竜の展示は、化石が発見されている部位と発見されていない部位がひと目でわかる工夫がなされているので、恐竜好き必見です！

知的好奇心がすくすく育つ学びスポット

動物

動物の達人もオススメ！

動物に詳しい達人がとくにおすすめする施設には、達人コメントを入れているので要チェック！

動物の達人

佐々木 隆さん

ささきたかし●遊園地専門家。動物園・水族館も詳しく、レジャー分野全般を得意とするライター。「るるぶ Kids」でも多くの動物記事を執筆している。

COLUMN 動物の達人に聞きました!…P74

神戸どうぶつ王国「カンガルーファーム」のゾウガメふれあい

教えて！瀧先生

動物が子どもの知的好奇心を育てる理由

動物は、赤ちゃんの頃から絵本などで触れることが多く、なじみが深い人間以外の生物といっていいでしょう。「かわいい、かっこいい！」という興味から、実際の大きさや動きをリアルに体験したり、人間とは異なる生態を知っていくことは、知識としてだけでなく、**命に対する思いやりの心も育まれます。**生息地に興味がわけば、地球環境を考えることにもつながりますね。愛らしい姿を絵に描いたりなど創作欲を刺激される子もいるでしょう。

動物への知的好奇心で育つ力

コミュニケーション力・思いやり・想像力・思考力など

大阪府

大阪市●港区

海遊館《かいゆうかん》

世界最大級の巨大水槽
悠々と泳ぐ姿に感動！

深さ9m、最大長34mの巨大な水槽をはじめ、エリアごとにグレート・バリア・リーフやタスマン海などを忠実に再現し、約620種、3万点の動植物が観察できる。自然の姿が見られるようにとショープログラムを設けておらず、生きものたちは本来の生息環境に近い水槽で自由に過ごしている。迫力満点のジンベエザメやワモンアザラシの愛らしさ、優雅に泳ぐクラゲ、エイやサメが真上から観察できるワクワク感など、どの展示にも楽しさがいっぱい。トレーニングやエサを食べる姿が見られる「生きものたちのお食事タイム」はぜひチェックしたい。

知的好奇心UP!

育つ力

洞察力　思考力　想像力　語彙力

達人コメント

回遊型の大水槽を泳ぐジンベエザメは必見。ワモンアザラシを見上げて観察するなど新体感エリアは展示方法も興味深く楽しめます。

施設DATA

子ども用トイレ	○
おむつ替え	○
授乳室	○
ベビーカー利用	○
ベビーカー貸出	×
コインロッカー	○
館内飲食店	○
館内売店	○

チケットは窓口か公式サイトで購入可能

所要 2時間

適齢 0歳～

アクセス

(交)地下鉄大阪港駅から徒歩5分

駅内EV ○

☎06-6576-5501

(住)大阪市港区海岸通1-1-10 (料)2400円。中学・小学生1200円、3歳以上600円、65歳以上2200円（要証明書） (時)月ごとに変動 (休)不定休 (P)約1000台（平日最大1200円、土・日曜、祝日、特定日最大2000円）

MAP P189C3(7)

知的好奇心をくすぐる！
注目ポイント

Editor's Voice

ジンベエザメのお腹の下には、コバンザメがくっついてよく一緒に泳いでいます。発見したときのうれしさは格別！

太平洋を再現した水槽

世界最大の海、太平洋を再現した巨大水槽は水でできたビルのような構造。スロープを降りながらジンベエザメや回遊魚などを観察することができる。

愛らしいワモンアザラシ

流氷の下を再現したエリアでは、ワモンアザラシが泳ぐ様子を天井ドームから観察できる。愛らしい顔をのぞかせることも。名前の由来は体にある輪のような斑点模様から。

サンゴ礁の美しさ

「グレート・バリア・リーフ」水槽では、外洋に向かって発達したサンゴのカベを忠実に再現。サンゴが魚のすみかであることも見てとれる。

仕切りが低い水槽

ミナミイワトビペンギンのいる「新体感エリア」の水槽の一部は仕切りが低い構造。音や温度なども体感でき生きものがより間近に感じられる。

暗闇で楽しむ海月銀河

まるで銀河のような雰囲気の海月銀河エリアは、幻想的な雰囲気の中でクラゲたちがゆらゆら泳ぐ様子を眺められる癒やしのスポット。

日本の森も忠実に再現

雨水が小さな流れから川へ、そして海へとたどり着く様子を表現した「日本の森」水槽。渓流の魚やかわいらしいコツメカワウソが暮らす。

ジンベエザメをはじめ大型のエイや回遊魚などが優雅に泳ぎまわる

ココも嬉しい！ 園内立ち寄りスポット

ジンベエザメのソフトクリームも！

ドリンクスタンド SEA SAW《どりんくすたんど しーそー》

フードやドリンクが気軽に楽しめるテイクアウト店。ジンベエザメの体の色をソフトクリームの色合いで表現したジンベエソフト(410円)は子どもたちに大人気。

住 エントランスビル2階
時休 施設に準ずる

ココならでは体験！

生きものたちのお食事タイム

アザラシやペンギンなどの健康管理に伴ったトレーニングの様子や、元気にエサを食べる姿が観察できる。スケジュールは公式サイトにあるので、ぜひチェックしてから来館を。

一斉に飼育員の元に集まってエサをねだるワモンアザラシ。トテトテと歩み寄る姿がなんとも愛らしい

写真提供：海遊館　※展示内容は生きものの状況により予告なく変更になる場合があります

大阪府
大阪市●天王寺区

天王寺動物園《てんのうじどうぶつえん》

熱帯雨林やサバンナ！ 動物本来の姿を観察

大阪都市部に誕生し、100年以上の歴史を誇る。動物本来の生息地の景観をできるだけ取り入れた生態的展示が特徴で、約180種1000点の動物が自然に近い姿でくつろぐ様子が眺められる。一番の人気者は、迫力満点のホッキョクグマ。2020年11月にはメスの赤ちゃんも誕生し、親子での仲睦まじい姿も観察できるように。ほかにもアジアの熱帯雨林ゾーンのチンパンジーや、アフリカサバンナゾーンのライオンやキリンなど、子どもを虜にする動物たちもずらり。日本一高いあべのハルカスと動物が一緒に眺められるのも、この園ならではの楽しいポイントだ。

知的好奇心UP!

育つ力

思考力　想像力　計画力　思いやり

達人コメント

ホッキョクグマ親子の行動を観察したり、鳥の楽園のドーム内で鳥の暮らしにふれたり、動物たちをじっくり観察してみましょう。

施設DATA

子ども用トイレ	○
おむつ替え	○
授乳室	○
ベビーカー利用	○
ベビーカー貸出	○
コインロッカー	○
園内飲食店	○
園内売店	○

所要 3時間
適齢 0歳～

アクセス
交地下鉄動物園前駅から徒歩5分
駅内EV ○

☎06-6771-8401
住大阪市天王寺区茶臼山町1-108 料500円。中学・小学生200円 時9時30分～17時※5・9月の土・日曜・祝日は～16時、最終入園は閉園1時間前 休月曜（祝日の場合は翌日） Pなし（周辺に有料駐車場あり）

MAP P189C3⑧

入口は新世界ゲート（写真）とてんしばゲート

Editor's Voice

動物福祉に配慮する動物園です。自由気ままに過ごす動物たちの姿にほっこりします！

知的好奇心をくすぐる！ 注目ポイント

自然の姿に近い展示

動物の本来の姿を観察できるのが魅力。ライオンのガオウは、狩りをするときのために普段は力を温存していることが多い。ライオンはほかに、メスのルナとモナカがいる。

天王寺ならではの光景

都会的な光景と生態的展示が組み合わさった、不思議な眺めにワクワク。キリンやエランドがいる草食動物エリアからは、あべのハルカスが見える。

ホッキョクグマの親子

地上最大の大きさを誇るクマの仲間。北極の雰囲気を模した白い岩壁とプールのあるホッキョクグマ舎で、悠々自適に暮らしている。

アジアの熱帯雨林ゾーン

チンパンジーなど、ユーモラスな動きの動物が観察できる。なかでもドリルは日本でここにしかいない珍しい種なので要チェック。

ムフロンの壁登り

アフリカサバンナゾーンの切り立った岩壁には、ヒツジの原種といわれるムフロンが暮らしている。岩壁に堂々と立っている様子は圧巻だ。

ベニイロフラミンゴ

新世界ゲートの近くには華麗なフラミンゴも。エサである藻類やプランクトンの色素によって、写真のような鮮やかな紅色になる。

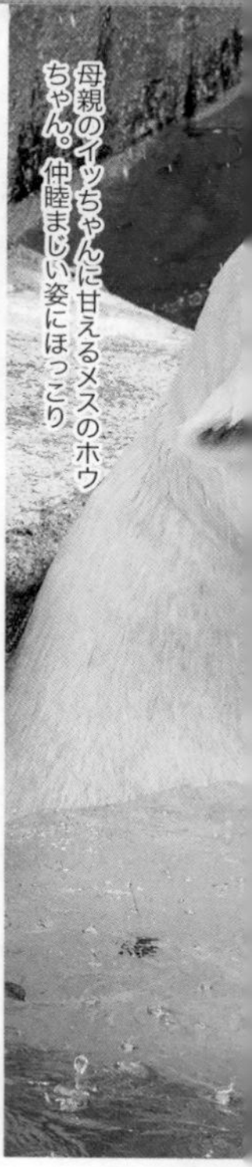

母親のイッちゃんに甘えるメスのホウちゃん。仲睦まじい姿にほっこり

ココも嬉しい！ 園内立ち寄りスポット

休憩はフードコートでゆっくりと！

FooZoo《ふーずー》

軽食やジュースをはじめ、動物をモチーフにした可愛いホットドッグやクレープもあり、楽しみながらお腹が満たせる。グッズショップ「GooZoo(グッズー)」も併設。

所 新世界ゲート入ってすぐの建物内
時 9時30分～17時 休 施設に準ずる

ココならでは体験！

思いやる心を育む「ふれんどしっぷガーデン」

動物を間近で観察することで、人と共に生きる動物の意味と、その温かさが感じられる。ヤギやテンジクネズミがおやつに対してどのように行動するか、じっくり見てみよう。

むやみにさわるのではなく、動物の意思を尊重して観察するなかで命の大切さが自然と学べる

 写真提供：天王寺動物園

ニフレル《にふれる》

知的好奇心UP!

育つ力

思考力　想像力
発想力　思いやり

達人コメント
展示方法が独特です。すごく近くで観察できるので、生きものを身近に体感できます。自分だけのお気に入りを見つけてみましょう。

動物が間近！新感覚の体感型ミュージアム

さまざまな生き物の“多様性”を大切に、水族館と動物園、美術館を融合した新感覚のレジャースポットとして1995年11月に開業。全館バリアフリーで、ゆったりとした通路はベビーカーもラクラク！数ある水槽もすべてフタを取り除くことで、光のゆらぎを感じながら360度どこからでも楽しめるようになっている。「いろにふれる」「わざにふれる」など、計8つのゾーンに分かれた展示は幅広い年齢層を魅了。2階の「みずべにふれる」ゾーンでは、迫力満点のホワイトタイガーや愛嬌たっぷりのミニカバをすぐ間近で見ることができる。

所要　1時間
適齢　2歳～

アクセス
交 大阪モノレール万博記念公園駅から徒歩2分
駅内EV　○

☎0570-022060
（ナビダイヤル）
住 吹田市千里万博公園2-1 EXPOCITY内
料 2000円。中学・小学生1000円、3歳以上600円　※2歳以下は無料　時 10～18時（土・日曜、祝日は公式サイト参照）、最終入館は閉館1時間前
休 無休　P 4070台（EXPOCITY駐車場、30分ごと200円、ニフレル入館で2時間無料）
MAP P189C1 ⑨

施設DATA

子ども用トイレ	○
おむつ替え	○
授乳室	○
ベビーカー利用	○
ベビーカー貸出	×
コインロッカー	○
館内飲食店	○
館内売店	○

周辺には万博記念公園などの施設も充実

知的好奇心をくすぐる！注目ポイント

「いろ」にふれる

入り口すぐのゾーンでは赤、青、オレンジなどのカラフルな魚たちが迎えてくれる。ニシキテグリは自然界のものとは思えないような鮮やかな模様。

「WONDER MOMENTS」

巨大アート空間に浮かぶ球体には計16パターンの図柄がランダムに現れ、空間全体が神秘的な雰囲気に。椅子に座って眺めながら、ひと休みするのもおすすめ。

「みずべ」にふれる

光が差し込む広々としたフロアで大人気のホワイトタイガー、アクア君。水遊びをしたり悠々と歩いたり、カッコイイその姿を間近でどうぞ。

ミニカバの親子

2021年6月18日に誕生したミニカバのテンテンは、元気いっぱいのおてんば娘。お母さんのフルフルとの2ショットも心癒される。

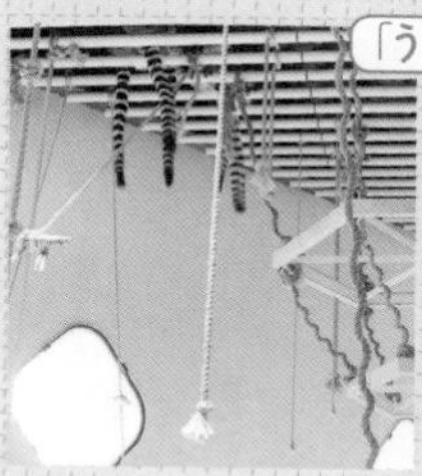

「うごき」にふれる

天井からブラ〜ンと垂れ下がった横縞のシッポは、ワオキツネザル。朝は奥の扉から元気よく飛び出してくる“出勤”の様子が見られるかも？

ケープペンギン

次々に集合し、ときには大合唱を始めるケープペンギンたち。柵も囲いもない2階奥の開放的なゾーンでは、動物たちの自然な姿に癒される。

柵も囲いもない7番目のゾーン。生きものの日常の姿に出合える

Editor's Voice

動物たちを眺めながら過ごせる2階のピクニックカフェEAT EAT EATには、キッズプレートもありますよ。

ココも嬉しい！館内立ち寄りスポット

買い物だけの利用も大歓迎！

ミュージアムショップ《みゅーじあむしょっぷ》 ニフレル《にふれる》×ニフレル《にふれる》

来館記念やプレゼントに、オリジナル雑貨やお菓子、季節限定グッズがズラリ。フワフワ触感のおねむクッション（M2650円、S1650円）はキュートな表情に注目。

1階入り口付近

時 休 施設に準ずる

ココならでは体験！

巨大な観覧車や広々ショッピングモールも満喫！

ニフレルがある「ららぽーとEXPOCITY」は買い物やグルメ、映画館など思い思いの楽しみ方ができる日本最大級の大型複合施設。ニフレルの再入館システムを上手に利用して、一日堪能しよう。

日本最大級の高さを誇る観覧車「オオサカホイール」。料金は１人1000円（定員6名・3歳以下無料）

写真提供：ニフレル

大阪府

堺市●南区

堺・緑のミュージアム ハーベストの丘《さかい・みどりのみゅーじあむ はーべすとのおか》

知的好奇心UP!

育つ力

思考力　発想力

コミュニケーション力　思いやり

達人コメント

開放的な自然あふれる空間で各種体験ができます。カピバラやヒツジたちに大接近し、動物たちの大きさや特徴を体感しましょう。

所要 3時間

適齢 2歳～

アクセス

交 南海泉ヶ丘駅からバスで20分、バス停ハーベストの丘下車、徒歩すぐ

駅内EV ○

☎072-296-9911

住 堺市南区鉢ヶ峯寺2405-1 料 1000円。小学生～4歳600円、3歳以下無料（別途有料施設あり）時 10～17時、最終入園は閉園1時間前 休 不定休（詳細は公式サイト参照）P 約1800台

MAP P187C3⑩

動物とのふれあいや多彩な体験も魅力

甲子園球場の約8倍の敷地面積を誇る体験型農業公園。カピバラやヒツジなどさまざまな動物とふれあえ、餌やりもできる。犬たちと仲良くなれる広場や乗馬体験のほか、放牧場を牧羊犬と羊が駆ける様子を観覧できるシープドッグショーも迫力があり人気。世界の珍しい昆虫や爬虫類を展示する施設も必見だ。ほかに広い園内を走るハーベストトレインやスリル満点の空中アスレチック、メリーゴーランドといったアクテビティも多彩。記念撮影にぴったりの花畑、バーベキューやバイキングなどのレストラン、カフェもあり、何度も訪れても楽しめる。

施設DATA

子ども用トイレ	×
おむつ替え	○
授乳室	○
ベビーカー利用	○
ベビーカー貸出	○
コインロッカー	○
園内飲食店	○
園内売店	○

大阪市内から約1時間でアクセスできる

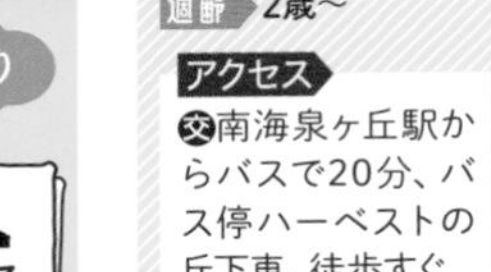

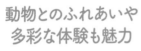

Editor's Voice

園内にはかわいいシルバニアファミリーの世界を体験できる「シルバニアパーク」もあり、子どもたちに人気。

知的好奇心をくすぐる！ 注目ポイント

カピバラふれあい体験

人懐っこいカピバラにさわることができる。のんびりとしたマイペースな姿は見ているだけでも癒されるはず。餌やり体験もできる(料200円〜※数量限定)。

乗馬体験

スタッフが手綱を引きながら進んでくれるので小さい子どもも安心して挑戦できる。広い放牧場を眺めながら親子で一緒に乗ろう(料親子乗り900円※３歳以下と18歳以上のペア)。

シープドッグショー

牧羊犬がトレーナーの吹く犬笛の音を聴き、羊をコントロール。牧羊犬と羊が放牧場をダッシュで駆け、羊が障害物を突破していく(春・秋開催)。

わんわんふれあい広場

元気いっぱいの犬たちとふれあえる広場。ふわふわとした柔らかい毛を優しく撫でてみよう（料1回200円※各回定員8名、対象3歳以上）。

世界の昆虫爬虫類展

世界の珍しい昆虫、爬虫類や両生類も見られる。ヘラクレスオオカブトやイグアナ、ウーパールーパーなども(料入場600円※3歳以上)。

メリーゴーランド

かわいい馬に乗ってぐるぐる回るメリーゴーランド。親子で一緒に乗って楽しんで。(料1回400円※4歳以上。3歳以下は要保護者同伴)

ヒツジ(写真)やヤギなど、いろいろな動物に出合える

ココも嬉しい！ 園内立ち寄りスポット

家族みんなでもりもり食べよう

バーベキューレストラン《ばーべきゅーれすとらん》

腹ごしらえにぴったりのレストラン。自家製ソーセージや、新鮮な野菜も90分食べ放題で味わえる。

料2700円、小学生1500円、4歳以上500円
時11〜15時(LO) 休12〜2月、施設に準ずる

ココならでは体験！ 動物えさやり体験

のんびりと暮らしている羊とヤギたちにエサをあげられる(料1回200円)。ラマ、牛、エミューは見学のみだが、普段なかなか見ることのできない動物たちを間近で見られる貴重な機会を楽しもう。

初めてのエサやりはちょっとドキドキ？動物たちがエサを元気に食べる様子もかわいい

写真提供：堺・緑のミュージアム ハーベストの丘

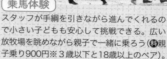

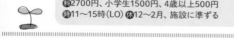

兵庫県
神戸市●中央区

AQUARIUM×ART《あくありうむ ばい あーと》 átoa《あとあ》

知的好奇心UP!
育つ力
洞察力　思考力
想像力　思いやり

神戸の新しい劇場型アクアリウム

2021年10月、神戸の新港突堤《しんこうとってい》西地区にオープンした、都市型アクアリウム。átoaとは、Aquarium(水族館) to(と) Art(アート)が掛け合わされたもので、その名のとおり、舞台美術やデジタルアートを加えた空間に約100種類・3000点の生きものたちが暮らしている。計8つのゾーンに分かれた館内は、それぞれのテーマに沿った展示と空間演出が圧巻。日本最大級の球体水槽「AQUA UNIVERSE《アクア ユニバース》」を音と光が包み込むなど、世界のどこにもない幻想的なゾーンをはじめ、開放感あふれる屋外展示や展望デッキから眺める神戸ベイエリアの景色にも癒される。

達人コメント
水族館というよりは「アート空間」といったほうがしっくりきます。魚たちをアートの一部として観察すると新たな発見があるかも。

所要 1時間30分～2時間
適齢 3歳～

アクセス
交各線三宮駅前からポートループで5分、バス停新港町下車、徒歩すぐ
駅内EV ○

☎078-771-9393
住神戸市中央区新港町7-2 料2400円。小学生1400円、3歳以上800円、3歳未満は無料 時10～21時、最終入館は閉館1時間前 休無休 Pなし(周辺に有料駐車場あり)
MAP P191A4⑪

施設DATA

子ども用トイレ	○
おむつ替え	○
授乳室	○
ベビーカー利用	○
ベビーカー貸出	×
コインロッカー	○
館内飲食店	○
館内売店	○

2021年、神戸ウォーターフロントにオープン

知的好奇心をくすぐる！
注目ポイント

日本最大級の球体水槽は音と光の演出で神秘的な雰囲気

CAVE（ケイブ）

来館者を迎えてくれる洞窟「アルタミラー」はキラキラ光る壁と床に、魚群型の照明が乱反射する。幻想的な光はまるで万華鏡のような美しさ。

ELEMENTS-精霊の森

2階の展示で目を引く、霧が立ち込める樹海の森。おとぎ話の世界のような空間に立つ「永遠の樹」は、大量の流木を収集し、造形アートとして制作された。

FOYER（ホワイエ）

さらなる興味を深めるコミュニケーション空間の入口にある、ATOA Chatter。館内の長老「アンモナイトのアーモン」に話しかけてみて。

MIYABI（ミヤビ）

時間ごとに移り変わる水槽・音・光の演出で、四季折々の情景を艶やかに、鮮やかに描き出す和と灯の間。花鳥風月に親しむ雅なひとときを。

PLANETS（プラネッツ）

AQUA UNIVERSEを中心に、宇宙空間や深海を体現したゾーン。360度全方位、ミスト＆レーザーが織り成す光のベールに包まれる。

SKYSHORE（スカイショア）

開放的な屋外展示のフロアではさわやかな青空のもと、コツメカワウソやフンボルトペンギンなどのキュートな生きものたちが迎えてくれる。

Editor's Voice

「海への扉」と名づけられたエレベーターの扉には、クロハコフグとタテジマキンチャクダイの成魚が描かれています。

ココも嬉しい！ 館内立ち寄りスポット

来館記念のおみやげ選びは1階で

ミュージアムショップ《みゅーじあむしょっぷ》

かわいい生きものたちのぬいぐるみのほか、地元企業とのコラボから生まれたオリジナルグッズはプレゼントにも喜ばれそう！お買い物だけならチケットなしでもOK。

住 神戸ポートミュージアム 1階
時 休 施設に準ずる

ココならでは体験！

“食でつながる”次世代フードホール！

ミュージアムショップに隣接する「TOOTH TOOTH MART FOOD HALL & NIGHT FES」には、全9軒の飲食店が集まる。オムライスやスイーツなど、子どもが好きなメニューも豊富。

パパ、ママにうれしい地ビールやシャンパン、サワーなどお酒も気軽に楽しめる広々としたおしゃれな空間

写真提供：AQUARIUM×ART átoa、TOOTH TOOTH MART FOOD HALL＆NIGHT FES

兵庫県

神戸市●中央区

神戸どうぶつ王国《こうべどうぶつおうこく》

所要 2〜3時間

適齢 1歳〜

知的好奇心UP!

育つ力

コミュニケーション力

思いやり

達人コメント

動物たちとのふれあいや体験がいっぱいです。スナネコやハシビロコウなどのアイドル動物も多数。自分の推しを見つけましょう。

動物との近さと独創的な展示方法が魅力！

「花と動物と人とのふれあい共生パーク」がテーマの動植物園。展示動物は150種800頭羽、年間通して1000種類、1万株のさまざまな花々も楽しめる。園内はインサイドパークとアウトサイドパークのエリアがあり、ハシビロコウやスマトラトラ、スナネコ、コビトカバ、マヌルネコといった全国的にも珍しい動物を展示。おりやネットなど遮るものがなく、動物たちを間近で観察できるよう工夫された展示方法もユニークだ。ふれあいイベントやエサやりなどの体験メニューも充実しており、小さな子どもから大人まで楽しむことができる。

施設DATA

子ども用トイレ	×（補助便座あり）
おむつ替え	○
授乳室	○
ベビーカー利用	○
ベビーカー貸出	○（有料）
コインロッカー	○
園内飲食店	○
園内売店	○

アクセス

(交)ポートライナー計算科学センター駅（神戸どうぶつ王国・「富岳」前）下車、徒歩すぐ

駅内EV ○

☎078-302-8899

(住)神戸市中央区港島南町7-1-9 (料)1800円。小学生1000円、4〜5歳300円、65歳以上1300円 (時)10〜16時（土・日曜、祝日〜17時）、最終入園は閉園30分前 (休)木曜（祝日と長期休み期間は営業） (P)850台（1日700円）

MAP P191A4⑫

電車とのお得なセット券も販売している

知的好奇心をくすぐる！ 注目ポイント

スナネコ

砂漠に生息する野生ネコで最も小さい種の一つ。「砂漠の天使」と呼ばれるスナネコは寝ているだけでもかわいく、癒されること間違いなし！

レッサーパンダ

展示エリアから通路まで木の枝が伸びており、見上げればレッサーパンダを間近で観察できる。小さな子どもたちにも大人気のスポット。ぜひ真下からも、じっくり眺めてみよう。

カピバラ

岩場と水辺を再現したエリアには、癒し系動物として人気のカピバラも展示。好物の笹の葉をあげると、水から上がって近寄ってくることも。

コツメカワウソ

東南アジアの湿地帯をイメージした国内最大級の生態園。実際の生息地のような広大な園内をカワウソたちが群れになって走ったり、泳いだり。

シロムネオオハシ

色鮮やかな鳥が自由に過ごしている熱帯の森では、エサやりも可能(数量限定)。エサを食べに来たオオハシが腕に乗ってくれることも。

グンディ

日本で展示されているのは2園だけという貴重な動物。キスするような仕草でコミュニケーションを取る姿がかわいいとSNSでも話題に。

アフリカの湿地を再現した生態園には2羽のハシビロコウを展示

Editor's Voice

持ち込みの弁当は指定エリアに限り飲食可能。アジアの森横のフラワーシャワー2階は屋内なので雨の日でも安心です。

ココも嬉しい！ 園内立ち寄りスポット

来園記念のおみやげをゲット

ショップ ラブ・バード《しょっぷ らぶ・ばーど》

ぬいぐるみやお菓子などオリジナルグッズの種類も豊富。アニマルカップ(ぶらさがりどうぶつクッキー)など、王国の人気動物たちがデザインされたおみやげが人気。

住 インサイドパーク内フラワーシャワー
時 休 施設に準ずる

ココならでは体験！

迫力満点のバードパフォーマンス

開放的な屋外の「風のスタジアム」では、バードパフォーマンスを開催。飼育員の解説を聞きながら、颯爽と飛び回るタカやフクロウ、オウムなど鳥たちのパフォーマンスを間近で観賞できる。

同会場でドッグパフォーマンスも実施。笛の指示で羊をコントロールするシープドックなどが見られる。

写真提供：神戸どうぶつ王国

兵庫県
神戸市●灘区

神戸市立王子動物園《こうべしりつおうじどうぶつえん》

六甲山麓に広がる自然豊かな動物園

アジアゾウ、キリン、コアラなど、約130種、750点の動物たちと出合える。円形猛獣舎、放養式動物舎、太陽の動物舎、草食動物が多くいる北園などがあり、おすすめは動物たちの食事タイムやトレーニングタイム。公式サイトで時間をチェックして見学コースを決めよう。「動物とこどもの国エリア」にあるふれあい広場では、放し飼いのヤギやヒツジたちをのんびり眺めて。園内には「動物科学資料館」もあり、ジオラマや骨格標本、模型などで動物たちの暮らしや体の構造などを知ることができる。遊園地の乗り物(有料)は小さな子どもも楽しめる。

知的好奇心UP!

育つ力

思考力　想像力　コミュニケーション力　思いやり

達人コメント

ライオン・ゾウなどの定番動物に加え、コアラ・ホッキョクグマ・オランウータンといった人気者まで多くの種類の動物に出合えます。

施設DATA

子ども用トイレ	○
おむつ替え	○
授乳室	○
ベビーカー利用	○
ベビーカー貸出	○
コインロッカー	○
園内飲食店	×
園内売店	○

所要 3時間

適齢 0歳～

アクセス

交阪急王子公園駅から徒歩3分

駅内EV ○

☎078-861-5624

住神戸市灘区王子町3-1 料600円。中学生以下無料 時9～17時(11～2月は9時～16時30分)、最終入園は閉園30分前

休水曜(祝日の場合は開園) P390台(2時間まで30分150円、2～4時間は30分100円、以降30分50円)

MAP P191A3⑬

入園は正面ゲートから。園内には遊園地もある

知的好奇心をくすぐる！ 注目ポイント

コアラ舎

コアラの睡眠時間は1日約20時間。木につかまっているのかと思ったら、ぐっすり眠っていることも。動いている姿を見るためには、食事タイムを要チェック！

ゾウ舎

仲良しの２頭は、アジアゾウのマック（オス）とズゼ（メス）。トレーニングタイムも必見だ。ポーズを決めてご褒美をもらう、かわいらしい姿が見られるかも。

キリン

写真提供：神戸市立王子動物園

4頭のキリンがのんびり過ごす姿に癒やされる。観覧施設「きりんテラス」からは、背の高いキリンを同じ目の高さで、ガラス越しに観察できる。

カリフォルニアアシカ

建物の中では、水中を泳ぎ回る姿が見られ、目の前を横切る大きなアシカは迫力満点。陸に上がってエサの魚をねだる様子もかわいい。

ホッキョクグマ

大きな体でのそのそと歩き回る姿が愛らしい。暑さに弱いので、氷や水が欠かせない。エアコンがきいたひんやり冷たい寝室にいることも。

ふれあい広場

ヒツジやヤギなどが放し飼いにされて、身近にふれあえる。ユーモラスな姿を見せてくれる王子動物園生まれのカピバラ3兄弟が人気。

どんなしぐさもかわいらしい 愛嬌たっぷりのコアラ

写真提供：
神戸市立王子動物園

Editor's Voice

動物科学資料館には水の中を泳ぐペンギンを見ながらひと休みできる休憩ホールや、授乳室、ドリンクの自動販売機もあります。

ココも嬉しい！ 園内立ち寄りスポット

オリジナルのパンダグッズをゲット！
パンダプラザ《ぱんだぷらざ》

おみやげにぴったりのパンダグッズが揃うショップ。毎年発売されるパンダリンピックTシャツや、同じ柄のキーホルダーが人気。ほかにもさまざまなアニマルグッズが揃う。

場 正面ゲート近く 時 休 施設に準ずる

ココならでは体験！

動物科学資料館で動物について学ぼう

園内でいろいろな動物を観察したら、もっと詳しくなれる施設にも立ち寄ろう。動物科学資料館には、常設展示と特別展示、図書館などがあり、動物について深く学ぶことができる。

動物の骨格標本や動物のシルエット壁画に、子どもたちはちょっとびっくり

時間とともに変化する照明演出の中、ゆっくりとクラゲが水中を浮遊する「クラゲワンダー」

京都水族館《きょうとすいぞくかん》

アートのように美しいクラゲの舞に感動！

緑あふれる梅小路公園内にあるアクアリウム。2020年に誕生した深海を思わせる美しい照明演出の「クラゲワンダー」や、目の前にせり出すように広がる大迫力の「京の海」大水槽は必見。1階では水中の様子を、2階では丘の上の様子を見られる「ペンギン」、国の特別天然記念物のオオサンショウウオが暮らす「京の川」などバリエーションに富んだ展示も楽しい。また、小さな子どもが参加できるワークショップなどの体験プログラムも充実。館内にはショップやカフェもあり、休憩しながら見て回ることができる。

知的好奇心UP!

育つ力
- 洞察力
- 想像力
- コミュニケーション力
- 思いやり

達人コメント
人気のオオサンショウウオや「京都ペンギン相関図」が楽しいペンギンにも注目！ いきものが好きになれる展示が特徴です。

施設DATA

子ども用トイレ	○
おむつ替え	○
授乳室	○
ベビーカー利用	○
ベビーカー貸出	×
コインロッカー	○
館内飲食店	○
館内売店	○

所要 3時間
適齢 3歳～

アクセス
交 JR梅小路京都西駅から徒歩7分または各線京都駅から徒歩15分
駅内EV ○

☎075-354-3130
住 京都市下京区観喜寺町35-1梅小路公園内 料 2200円。高校生1700円、中学・小学生1100円、3歳以上700円 時 10～18時、最終入館は閉館1時間前※曜日・季節などにより異なる。公式サイトで要確認 休 無休※臨時休館あり。公式サイトで要確認 P なし
MAP P190A2 14

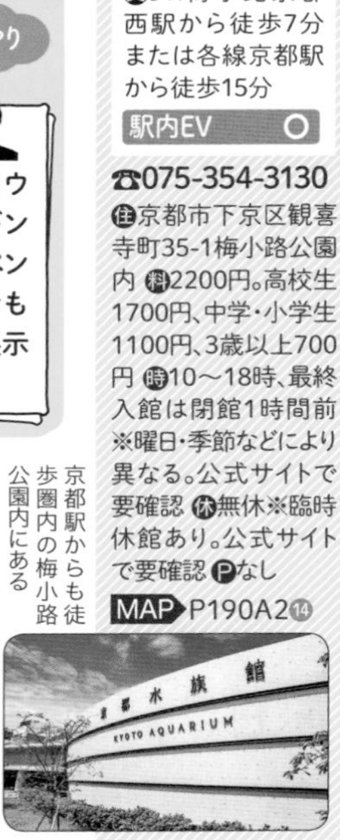

京都駅からも徒歩圏内の梅小路公園内にある

Editor's Voice

京都の里山を再現したエリアもあり、水族館で京都らしさもしっかりと感じられます。

知的好奇心をくすぐる！ 注目ポイント

京都クラゲ研究部

「クラゲワンダー」内にある、クラゲの繁殖・研究などの作業を行うオープンスペース。日々クラゲと向き合う飼育スタッフの、日常作業の様子などを見ることができる。

クラゲワンダー

水中に浮遊するクラゲ、水底に沈んで生活するクラゲ、毒をもつクラゲなど、大きさや色が特徴的な約30種5000匹を生態に合わせてさまざまな水槽で展示するエリア。

京の川

国の特別天然記念物で生きた化石ともよばれるオオサンショウウオが見られる。世界最大級の両生類の不思議な生態を観察しよう。

「京の海」大水槽

多種多様ないきものがすむ京の海を再現した、約500ｔの人工海水からなる大水槽。イワシの群れや悠々と泳ぐエイ、アマダイなどが見られる。

交流プラザ

ゆらゆらと体を揺らす姿がユーモラスなチンアナゴや、色とりどりのクマノミなどのいきものたちに出合えるエリア。

アザラシ

メインの水槽とつながっているチューブ状の水槽から、ひょっこり登場するゴマフアザラシが愛らしい。ゴマフアザラシは２つの水槽を自由に行き来している。

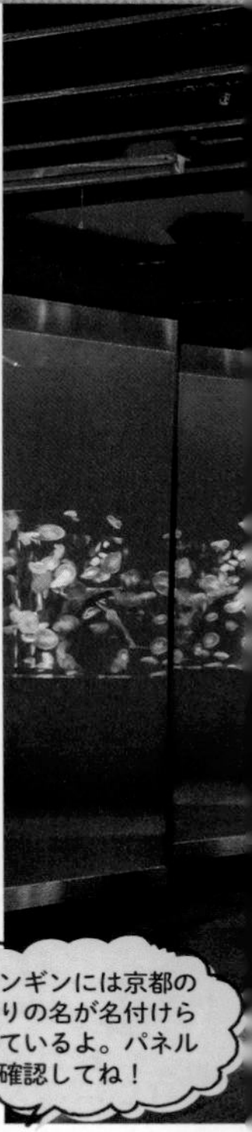

ペンギンには京都の通りの名が名付けられているよ。パネルで確認してね！

ココも嬉しい！ 館内立ち寄りスポット

人気者グッズをゲット！

ミュージアムショップ《みゅーじあむしょっぷ》

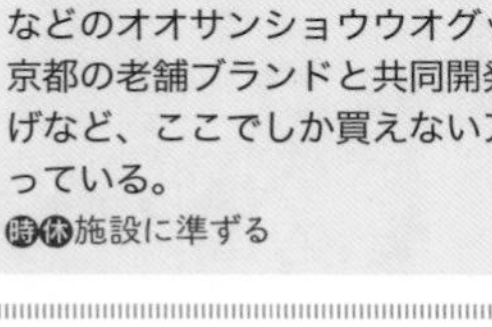

オオサンショウウオのぬいぐるみやポーチなどのオオサンショウウオグッズをはじめ、京都の老舗ブランドと共同開発したおみやげなど、ここでしか買えないアイテムが揃っている。

時休施設に準ずる

ココならでは体験！

いきものたちと背比べしよう！

「ペンギン」エリアには、さまざまな種類のペンギンの実物大が描かれたパネル、「京の川」エリアには超特大のオオサンショウウオのぬいぐるみを展示。子どもと背比べしてみよう！

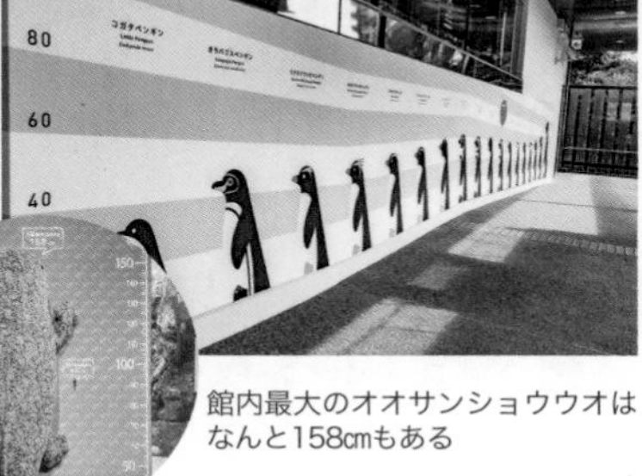

京都水族館のペンギンはケープペンギン

館内最大のオオサンショウウオはなんと158cmもある

和歌山県
白浜町●堅田

アドベンチャーワールド《あどべんちゃーわーるど》

パンダファミリーから海の動物まで出合える

和歌山県南部の白浜町にあり、さまざまな生きものに出合えるテーマパーク。ジャイアントパンダの飼育頭数日本一でも有名だ。パンダファミリー(7頭、2022年9月現在)のほか、サファリワールドのツアーでは迫力ある肉食動物や草食動物に、マリンワールドでは海で暮らす生きものに出合える。動物とふれあえる「ふれあい広場」や、目の前で直接エサやりができるツアーなど、動物を身近に感じられる貴重な体験ができるのも魅力。海も見渡せる小高い丘で、約140種、約1400頭の陸・海・空の生きものがゆったりと暮らしている様子を眺めよう。

知的好奇心UP!

育つ力

思考力 / 想像力 / コミュニケーション力 / 思いやり

達人コメント

ジャイアントパンダをいつでも観覧できるのは感激します。見どころ&ふれあい体験満載で親子揃ってたっぷり刺激をもらえます。

施設DATA

子ども用トイレ	○
おむつ替え	○
授乳室	○
ベビーカー利用	○
ベビーカー貸出	○
コインロッカー	○
園内飲食店	○
園内売店	○

所要 6時間

適齢 0歳〜

アクセス

交JR白浜駅からバスで10分、バス停アドベンチャーワールド下車、徒歩すぐ

駅内EV ×

☎0570-06-4481

住西牟婁郡白浜町堅田2399 料4800円。高校・中学生3800円、小学生・幼児2800円、3歳以下無料、65歳以上4300円 時10〜17時、最終入園は閉園1時間前 休公式サイトで確認 P5000台(1日1200円)

MAP P187B4⑮

入場口があるエントランスドーム

Editor's Voice

駐車スペースには、5台の充電可能なスペースがあります。（料無料／テスラ社1台、国産車1台、テスラ社・国産車兼用3台）

知的好奇心をくすぐる！ 注目ポイント

サファリワールド

優雅な草食動物、大迫力の肉食動物たちの世界が目の前に広がる。列車タイプの「ケニア号」に乗れば座ったまま約25分で1周できる。10時40分～随時運行（最終出発15時30分）

ブリーディングセンター

パンダラブで桃浜、桜浜、結浜《ゆいひん》、楓浜《ふうひん》が、ブリーディングセンターで永明《えいめい》、良浜《らうひん》、彩浜《さいひん》が暮らす。母親から独り立ちすると単独で行動する動物なので、別々の運動場で過ごしている。

ライオンテラス

百獣の王といわれるライオンに、おやつを与えるイベント（有料）が開催されている。迫力の食事姿を間近で見られる絶好のチャンス。

エレファントヒル

アフリカゾウは陸上で生きる動物の中で最大の草食動物。大きな耳をパタパタさせて体温調節する様子や長い鼻の動きなどを観察しよう。

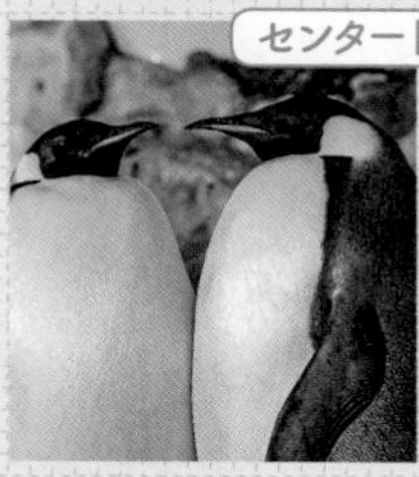

センタードーム・海獣館

写真のエンペラーペンギンは、一番大きな種類。ここでは8種類、約450羽が暮らしている。どのペンギンも個性豊かで目が離せない。

ビッグオーシャン

イルカ・クジラたちがパフォーマンスを見せてくれる会場。隣のイルカふれあいプールではイルカが俊敏に泳ぐ姿を間近で見られる。

写真の桃浜《とうひん》は2014年12月に桜浜《おうひん》とともにブリーディングセンターで生まれた

ココも嬉しい！ 園内立ち寄りスポット

オリジナルベビーカーでさらに楽しく

RENTAL SERVICE

れんたるさーびす

動物がモチーフのオリジナルベビーカーをレンタル（料1回1200円）すれば、さらに楽しく回れるはず。台数には限りがあるので着いたらすぐに確認を（予約不可）。

エントランスドーム入口入ってすぐ右側

時休施設に準ずる

ココならでは体験！

サファリワールドで特別体験

アフリカゾウ、アミメキリン、シロサイに大接近してエサを与える体験ができるツアー（有料）が用意されている。動物たちが何をどうやって食べるのか、目の前で観察できる。

遠くから眺めるのと間近で見るのとでは、印象がまったく変わる動物たちに大人も大はしゃぎ

三重県

鳥羽市●鳥羽

鳥羽水族館《とばすいぞくかん》

人魚伝説のモデルになったともいわれるジュゴンは「人魚の海」で合える

飼育種類数日本一！ 国内最大級の水族館

鳥羽の海辺に立つ国内最大級の水族館。テーマごとに12のゾーンに分かれた館内は、とくに順路は設けていないので自由に見て回ることができる。飼育種類数約1200種は日本一を誇り、国内で唯一飼育しているジュゴンをはじめ、ラッコやスナメリなどの人気者から、ちょっとマニアックで珍しい生きものまでさまざまな生きものに出合える。水上透明チューブの中を歩きながらトドやアザラシを観察できるなど、展示方法もバリエーション豊か。動物たちのショー&パフォーマンスも多彩で、食事処やショップもあるので、丸一日たっぷり楽しめる。

知的好奇心UP!

育つ力

洞察力　想像力　コミュニケーション力　思いやり

達人コメント

ジュゴン、ラッコ、セイウチと人気アイドルがいっぱい。しかも飼育種類数は日本一なので、さまざまな生きものを観察できます。

施設DATA

子ども用トイレ	×
おむつ替え	○
授乳室	○
ベビーカー利用	○
ベビーカー貸出	○
コインロッカー	○
館内飲食店	○
館内売店	○

所要 2〜3時間

適齢 0歳〜

アクセス

交JR・近鉄鳥羽駅から徒歩10分

駅内EV ○

☎0599-25-2555

住鳥羽市鳥羽3-3-6 料2800円。中学・小学生1600円、3歳以上800円 時9〜17時、最終入館は閉館1時間前 休無休 P500台

MAP P186E3⑯

入口正面には大水槽やクジラの実物大模型が！

Editor's Voice

とにかくみどころ豊富。ゆったり見るなら本当に丸一日欲しいところです。

知的好奇心をくすぐる！ 注目ポイント

伊勢志摩の海・日本の海

黒潮が流れる熊野灘と日本最大の内湾・伊勢湾に暮らす生きものを中心に展示。ほかにも、日本近海で暮らす生きものたちを紹介している。愛らしいスナメリもここに。

極地の海

厳しい極寒の世界に生きる動物たちが見られるゾーン。人気者のラッコや、白と黒のツートンカラーがおしゃれなイロワケイルカなどを見ることができる。

水の回廊

カワウソやペンギンなどに合える屋外展示。生態について学べる「セイウチふれあいタイム」や「ペンギン散歩」などが見られる。

奇跡の森

両生・爬虫類をはじめとした、水辺に暮らす生きものたちのゾーン。巨大な水生ガメや極彩色のヤドクガエル、水辺のハンターの異名をもつスナドリネコもここで暮らしている。

コーラルリーフ・ダイビング

カラフルな熱帯魚やウミガメなどが泳ぐ色鮮やかな珊瑚礁の海を再現したゾーン。正面、左右、天井が水槽になった空間がワンダフル！

へんな生きもの研究所

「なにこれ？」と思わず叫んでしまいそうな生きもの、不思議な形・生態をもつ生きものを集めたゾーン。世界最大のダンゴムシといわれるダイオウグソクムシも。

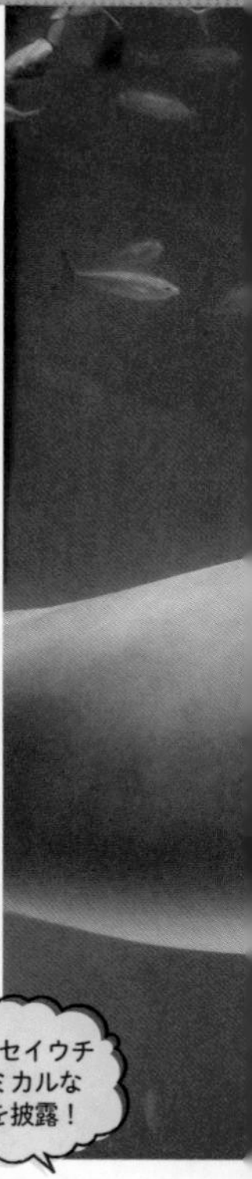

巨大なセイウチがコミカルな演技を披露！

ココも嬉しい！ 館内立ち寄りスポット

鳥羽湾を眺めながらランチ

レストラン「ベイサイド」

れすとらん「べいさいど」

内海で波静かな鳥羽湾の景観を望みながら食事ができるレストラン。カフェテリアタイプでカレーや麺類などを気軽に楽しめる。館内にはここを含め、直営の食事処とショップが2カ所ずつある。

時休施設に準ずる

ココならでは体験！

ショー＆パフォーマンスは要チェック！

さまざまなゾーンで動物たちのショーやパフォーマンスが見られる。ラッコなど動物のお食事タイムも観覧できるので、こちらも見逃せない。スケジュールをチェックしてから回ろう。

多彩な演技を披露するアシカショー

かわいいペンギンの散歩は「水の回廊」で見られる

大阪府
岸和田市●堺町

きしわだ自然資料館《きしわだしぜんしりょうかん》

ホッキョクグマやライオン、シベリアトラなどの野生動物の剥製は今にも動き出しそう

知的好奇心をくすぐる!
注目ポイント

岸和田のなりたち

2階ではナウマンゾウの全身骨格標本がお出迎え。丘陵地や平地、山林など身近な自然について学べる。

海や川はどうなってる?

岸和田を流れる川や大阪湾の魚、環境を解説するパネル展示。さまざまな体験ができるコーナーも。

迫力満点の動物標本

迫力ある野生生物の剥製。なかなか近くで見る機会のない動物の姿を間近で観察できるチャンス。

ココならでは体験!

「チリモン探し」を体験!

チリメンジャコの中から形や色が違うチリメンモンスター(略してチリモン)を探し出す体験学習。

不定期開催（要問合わせ）

知的好奇心UP!
育つ力
コミュニケーション力
思いやり

自然保護の必要性を訴える約400点の野生動物の剥製

チリメンジャコを教材にした「チリモン実習」が大人気。3階には岸和田市在住だった蕎原文吉氏から寄贈された野生動物の標本400点を展示。2階には「和泉葛城山ブナ林」など岸和田の身近な自然について学べる展示品が並ぶ。1階には、魚などを飼育する水槽コーナーやミュージアムショップなども。

キシワダワニの骨格標本や大阪湾の魚などの展示品も

所要 2時間
適齢 2歳～

アクセス
交 南海岸和田駅から徒歩12分
駅内EV ○

☎072-423-8100
住 岸和田市堺町6-5 料 200円。中学生以下無料 時 10～17時、最終入館は閉館1時間前 休 月曜(祝日の場合は翌平日)、ほか休館日あり※公式サイトで要確認 P 7台
MAP P187B3⑰

施設DATA

子ども用トイレ	×
おむつ替え	○
授乳室	△
ベビーカー利用	○
ベビーカー貸出	○
コインロッカー	×
館内飲食店	×
館内売店	○

兵庫県
神戸市●灘区

神戸市立六甲山牧場《こうべしりつろっこうさんぼくじょう》

園内の至るところで愛らしいヒツジとふれあえる

Editor's Voice

「チリモン実習」のほかにも「昆虫採集」などさまざまなイベントを開催しています。（きしわだ自然資料館）

カマンベールチーズの製造工程も無料で見学できます。（神戸市立六甲山牧場）

所要 4時間
適齢 3歳～

アクセス
交 六甲ケーブル六甲山上駅からバスで約10分、バス停六甲山牧場下車すぐ

駅内EV ○

☎078-891-0280
住 神戸市灘区六甲山町中一里山1-1 料 500円。中学・小学生200円、未就学児無料 時 9～17時、最終入場は閉場30分前 休 火曜、ほか臨時休あり※冬季休業あり（公式サイト参照） P 500台（1日500円）

MAP P191A3 ⑱

知的好奇心をくすぐる！注目ポイント

ヤギとのふれあい

北エリア「いやしのほとり」などで暮らしている。自由にふれあったり、餌をあげたりもできる。

ウサギ広場

ミニウサギやホーランドロップなどを飼育。平日はウサギたちにニンジン（1カップ100円）をあげることができる。

知的好奇心UP!

育つ力

想像力 コミュニケーション力 思いやり

緑に囲まれた牧場で動物とふれあえる

六甲山上に広がる高原牧場で、東南北の3エリアでヒツジやヤギなどの動物たちがのびのび暮らしている。アイスクリームやバターなどの手作り体験や乗馬体験、ヒツジの追い込みショー「シープドッグショー」など、みどころ満載。牧場内にはレストランなどもあり1日たっぷり楽しめる。

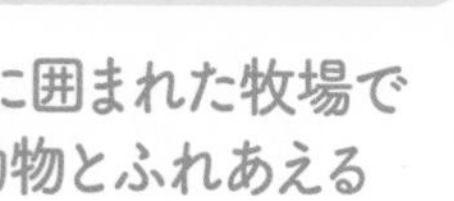

こちらの北入場口には授乳室やコインロッカーがある

ココも嬉しい！園内立ち寄りスポット

軽食もあるカフェ

ミルクカフェ《みるくかふぇ》

牧場でとれた新鮮な牛乳（150円）やソフトクリーム（400円）が味わえる。ぬいぐるみなどのグッズも販売。

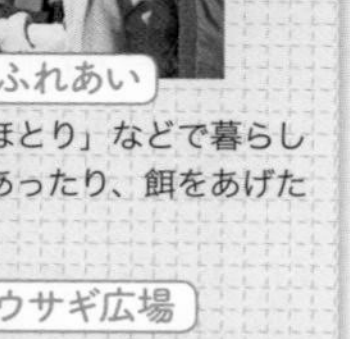

場 北エリア
時 9～17時 休 施設に準ずる

施設DATA

子ども用トイレ	×
おむつ替え	○
授乳室	○
ベビーカー利用	×
ベビーカー貸出	×
コインロッカー	○
場内飲食店	○
場内売店	○

兵庫県
神河町●猪篠

神崎農村公園《かんざきのうそんこうえん》ヨーデルの森《よーでるのもり》

園の人気者のアルパカは「アルパカ広場」に

所要 2時間
適齢 0歳〜

アクセス
交JR生野駅からバスで8分、バス停ヨーデルの森下車すぐ
駅内EV ×(地上駅)

☎0790-32-2911
住神河町猪篠1868
料1000円。小学生〜4歳500円、3歳以下無料 時10〜17時(土・日曜、祝日、GWなどは9時30分〜、12〜2月の土・日曜、祝日は10時〜16時30分) 休水曜、12〜2月の平日
P800台
MAP P187B2⑲

施設DATA

子ども用トイレ	○
おむつ替え	○
授乳室	○
ベビーカー利用	○
ベビーカー貸出	○
コインロッカー	○
園内飲食店	○
園内売店	○

知的好奇心をくすぐる!
注目ポイント

水辺のどうぶつ広場

ペンギンやゴマフアザラシなどが暮らすエリア。山深い場所で海の動物たちに出合えるのもうれしいポイント!

小動物ふれあい広場

写真のモルモットのほか、カピバラや人なつっこいマーラ、ウサギなどかわいい小動物たちとふれあえる。

馬の広場

乗馬体験(料小学生以上500円)もできる。やさしい目をした馬に乗ってヨーデルの森の園内をお散歩。

ココならでは体験!

さまざまな体験メニューを実施

「どうぶつパン作り」や「ピザ作り」などのグルメ体験(要事前予約)、「スノードーム作り」といったクラフト体験メニューが豊富なのも特徴。

マグカップの絵付け体験は1900円。料金は体験メニューにより異なる

知的好奇心UP!
育つ力
想像力
思いやり

豊かな自然の森で動物とふれあえる

アルプスを思わせる豊かな自然環境の中、約60種の生きものと出合えるパーク。「小動物ふれあい広場」ではカピバラやマーラ、モルモットなど、「わんわんガーデン」や「ふれあいニャンコ村」ではイヌやネコたちとふれあえる。地元の農産物を使ったレストランがあり、クラフトやグルメなどの体験メニューも充実。

山々に囲まれた環境で動物たちがのびのびと暮らす

Editor's Voice

芝すべりやゴーカートなどもあり、遊園地としても楽しめる施設です。（神崎農村公園 ヨーデルの森）

急勾配の岩からプールへダイブする「トドのダイビング」もおすすめ！ 水しぶきも飛んできて大迫力。（城崎マリンワールド）

兵庫県
豊岡市●瀬戸

城崎マリンワールド《きのさきまりんわーるど》

カマイルカやアシカなどがダイナミックな演技を披露

所要 3時間
適齢 0歳～

アクセス
交JR城崎温泉駅からバスで10分、日和山（マリンワールド）下車、徒歩すぐ
駅内EV ○

☎0796-28-2300
住豊岡市瀬戸1090
料2600円。中学・小学生1300円、3歳以上650円、2歳以下無料 時9時30分～16時30分（時期によって変動あり）、最終入館は閉館30分前 休不定休
P約1000台（1日800円）
MAP P187B1⑳

知的好奇心UP!

育つ力

洞察力　思考力
想像力　計画力

達人コメント
海の生きものに大接近できる体験やパフォーマンスがメイン。アザラシやイルカたちのさまざまな行動・特技には発見があります。

見ごたえのあるショーに興奮しっぱなし！

「水族館以上、であること」をコンセプトに、8つのエリアで毎日午前中からさまざまなアトラクションを開催。大迫力のイルカ・アシカショーをはじめ、フィッシングエリアでは釣ったアジを天ぷらにもでき、目や耳、舌まで大満足。思いっきり笑って驚ける水族館だ。

チケットはエントランスの売り場やWEBで購入を

知的好奇心をくすぐる！
注目ポイント

イルカ・アシカショー
園内随一の迫力を誇るシーランドスタジアムで開催。セイウチのユーモラスな姿に歓声があがる。

フィッシュダンス
円柱を取り囲むように設置された水槽で、ブリなど大量の回遊魚が一方向に泳ぐ。ダンスのような迫力を体感して。

さかなのランチタイム
日本海の磯場を再現した潮だまりでは、泳ぐ魚たちに手で直接エサ（小さなエビ）があげられる。

ペンギンの散歩
飼育員の後についてヨチヨチ歩く様子を観察することができる。一段一段確認しながら階段を降りる姿にキュン。

施設DATA

子ども用トイレ	○
おむつ替え	○
授乳室	○
ベビーカー利用	○
ベビーカー貸出	○
コインロッカー	○
館内飲食店	○
館内売店	○

兵庫県
姫路市●本町

姫路市立動物園《ひめじしりつどうぶつえん》

キュートなペンギンにも注目！かわいさに癒されること間違いなし

知的好奇心をくすぐる！
注目ポイント

ミニ牧場
現在9頭のヤギが暮らすミニ牧場。中には入れないが、柵の外からほのぼのとくつろぐ姿を観察することができる。

キリン舎
お父さんキリンの「コウスケ」、お母さんキリンの「キキ」、2021年に生まれた娘の「ココ」が暮らしている。

ココも嬉しい！
園内立ち寄りスポット

レトロな遊戯具で遊ぼう！
遊戯施設《ゆうぎしせつ》

園内の北と南に2カ所ある遊戯施設。小さな観覧車やモノレール、ティーカップなど小さな子ども向けのアトラクションが約10種揃う。
㊟北と南に2カ所 時休施設に準ずる

知的好奇心UP!
育つ力
想像力
コミュニケーション力
思いやり

お城のお膝元で愛らしい動物に癒やされる

姫路城の敷地内にある動物園。キリンやカバ、シマウマ、ペンギンなど絵本に登場する動物が勢揃い。動物たちとの距離が近いので、間近で観察できるのも大きな特徴。園内にはレトロな遊戯施設も併設している。動物とのふれあいの場として、地元の人に愛されるおでかけスポットだ。

動物のパネルがお出迎え。三の丸広場に隣接している

所要 2時間
適齢 3歳〜
アクセス
交山電山陽姫路駅から徒歩12分またはJR姫路駅から徒歩13分
駅内EV ○

☎079-284-3636
住姫路市本町68 料210円。中学生〜5歳30円、4歳以下無料 時9〜17時、最終入園は閉園30分前 休無休 Pなし（周辺有料駐車場利用）
MAP P187A2 21

施設DATA

子ども用トイレ	×
おむつ替え	○
授乳室	○
ベビーカー利用	○
ベビーカー貸出	○
コインロッカー	○
園内飲食店	×
園内売店	×

兵庫県
姫路市●西延末

姫路市立水族館《ひめじしりつすいぞくかん》

ケヅメリクガメのえさやりは1日1回、13時30分から

Editor's Voice

屋根付きの休憩所が各所にあるので、ひと休みできます。（姫路市立動物園）

館内に2カ所ある缶バッジのガチャガチャ（1回100円）も人気。（姫路市立水族館）

知的好奇心をくすぐる！
注目ポイント

ウミガメのえさやり
アオウミガメ、アカウミガメ、タイマイと3種類8頭のウミガメのエサやりシーンは迫力満点。

タッチプール

泳いでいるエイやサメに直接、素手でさわることができる。専用の窓からそっと手を入れて魚の背中にタッチ。

ふれて学んで楽しもう
ヤドカリの殻の中がわかるようプラスチックの透明の殻を背負わせるなど、手づくりの仕掛けが楽しい。

川をさかのぼる淡水魚

30分ごとに水位が変わる淡水魚の水槽では、水位が下がった時に流れをさかのぼって泳ぐ魚たちが見られる。

知的好奇心UP!
育つ力
思考力
コミュニケーション能力

エサやりタイム必見 身近な生き物を観察

播磨地方の海や川で見られる身近な生き物を展示・紹介する水族館。カメの種類が多いのが特徴。ケヅメリクガメやウミガメ、ペンギンのエサやりを見学できるので時間を確認してから館内を回ろう。泳ぐ魚に直接さわれるタッチプール、子どもたちが楽しく学べるよう飼育員が工夫を凝らした水槽も見逃せない。

新館、本館、屋上ビオトープの3施設を巡回できる

所要 2時間
適齢 3歳〜

アクセス
交山陽電鉄手柄駅から徒歩10分
駅内EV ×

☎079-297-0321
住姫路市西延末440（手柄山中央公園内）
料520円。中学・小学生210円 時9〜17時、最終入館は閉館30分前 休火曜（祝日の場合は翌日）Pなし
MAP P187A2㉒

施設DATA

子ども用トイレ	×
おむつ替え	○
授乳室	○
ベビーカー利用	○
ベビーカー貸出	○
コインロッカー	○
館内飲食店	×
館内売店	×

京都府
京都市●左京区

京都市動物園《きょうとしどうぶつえん》

ニシゴリラ一家の長男ゲンタロウ(右)と次男のキンタロウ(左)

知的好奇心UP!

育つ力

コミュニケーション能力　思いやり

達人コメント

歴史ある動物園らしく定番の動物たちが揃っています。注目はニシゴリラとキリン。普段の行動などをじっくり観察してみましょう。

知的好奇心をくすぐる!

注目ポイント

ゴリラのおうち

遊園地のすぐそばにある、開放的なグラウンドと室内展示室。ニシゴリラ一家の4頭がのびのびと暮らす。

アフリカの草原

キリンやシマウマ、フラミンゴやカバの日常の姿を2階デッキの上からもじっくり観察することができる。

もうじゅうワールド

正面エントランスを入ってすぐのゾーン。大人気のトラやジャガー、オオヤマネコなどが迫力満点。

ココならでは体験!

ふれあいルームで小動物に接近

「ふれあいルーム」では、かわいいテンジクネズミ(モルモット)をすぐ間近で観察することができる(料無料、整理券制、1回の定員は10人)。

平日は10分ごとの入れ替え制(10人×3回)

ゴリラ一家が人気!見どころ満載の動物園

高低差がなく、ほどよい広さの園内で、人気者のゴリラ一家や迫力満点のトラ、愛嬌たっぷりのチンパンジー、鳥類など表情豊かな動物に合える。1903年に開園した歴史ある動物園は小さな遊園地、レストランや図書館カフェなど、子どもと楽しめる施設も充実。遠方からも多く訪れる。

観光名所が点在する京都・岡崎エリアにある

所要 2時間
適齢 3歳～

アクセス
交地下鉄蹴上駅から徒歩7分
駅内EV ○

☎075-771-0210
住京都市左京区岡崎法勝寺町(岡崎公園内) 料750円。中学生以下無料 時9～17時(12～2月は～16時30分)、最終入園は閉園30分前 休月曜(祝日の場合は翌日)
Pなし
MAP P190B2㉓

施設DATA

子ども用トイレ	○
おむつ替え	○
授乳室	○
ベビーカー利用	○
ベビーカー貸出	○
コインロッカー	○
園内飲食店	○
園内売店	○

写真提供:京都市動物園

京都府
福知山市●猪崎

福知山市動物園《ふくちやましどうぶつえん》

見ていて楽しい活発なレッサーパンダは、園一番の人気者

Editor's Voice

無料開放エリアの図書館カフェは、書籍約６５００冊が並びます。（京都市動物園）
傷ついて捕獲されたウサギなどの保護・治療活動もしています。（福知山市動物園）

知的好奇心UP!
育つ力
- 洞察力
- コミュニケーション能力

達人コメント
小さな動物園ですがカンガルーやシロテテナガザル、ワオキツネザルなどの動きに注目したい人気動物がいます。じっくり観察を。

知的好奇心をくすぐる!
注目ポイント

餌やり体験
コールダックなど、いろいろな動物に自分の手から直接エサをあげられる。エサ(50円)は入場口で販売。

ふれあい体験
ケヅメリクガメは2～3歳の子どもなら背中にも乗れる大きさ。ほかにもウサギのふれあいコーナーなども。

ココも嬉しい!
園内立ち寄りスポット

無料のフリースペース
販売コーナー《はんばいこーなー》

園内で出合える動物のぬいぐるみなどを販売している。その日あった中で一番のお気にいりのぬいぐるみを購入して帰るのもいいかも。動物おみくじ(料100円)も人気。
入口付近 時休施設に準ずる

かわいい小動物たちをじっくり・ゆっくり観察

児童科学館や総合体育館などもある三段池公園内の動物園。ここではレッサーパンダをはじめ、カンガルーやシロテテナガザル、アライグマなど比較的小さな動物たちを、じっくりと観察することができる。こぢんまりした動物園ならではの、ゆったりとした時間を親子で楽しんでみて！

三段池公園内の他施設とセットで訪れるのもいい

所要 1時間
適齢 0歳～

アクセス
交JR福知山駅からバスで10分、バス停三段池下車、徒歩5分
駅内EV ○

☎0773-23-4497
住福知山市猪崎377-1 料220円。中学生～4歳110円、3歳以下無料 時9～17時、最終入園は閉園30分前 休水曜（祝日の場合は翌日） P三段池公園駐車場利用1200台
MAP P187B1㉔

施設DATA

子ども用トイレ	×
おむつ替え	○
授乳室	○
ベビーカー利用	○
ベビーカー貸出	×
コインロッカー	○
園内飲食店	○
園内売店	○

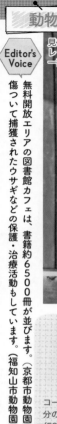

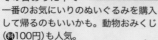

京都府

京都市●西京区

嵐山モンキーパーク《あらしやまもんきーぱーく》

野生のサルたちの日常の暮らしが見られる希少な施設

知的好奇心UP!

育つ力

洞察力　思いやり

達人コメント

多くの野生のサルが暮らす場所にお邪魔する気持ちで、サルたちの関係性や行動などを、親子で話しながら見学してみましょう。

所要　2時間

適齢　3歳～

アクセス

交 阪急嵐山駅から徒歩7分

駅内EV× (地上駅)

☎075-872-0950

住 京都市西京区嵐山中尾下町61 料 600円。中学生～4歳300円、3歳以下無料 時 9～16時(サルが山に帰った場合は早目に閉園する場合あり) 休 不定休 P なし

MAP P190A2 ㉕

自然の中で暮らす野生のサルを観察

嵐山の支峰・岩田山にある6000㎡の野猿公園。周辺には約130頭のニホンザルが生息しており、野生のサルたちが走り回ったり毛づくろいしたりと、ありのままの様子が見られる。時には池で泳ぐ姿など、貴重なシーンが見られることも。園のスタッフによる「エサやりタイム」にも注目。

険しい道を上ったところにあるのでそれなりの覚悟を

知的好奇心をくすぐる!

注目ポイント

野生のサルの生態観察

人に近いといわれるサルの表情や行動はとっても豊か。一日中眺めていても飽きることはなさそう！

エサやり体験

岩田山山頂の休憩所で販売するエサ(1袋100円)を購入すれば、サルにエサをあげられる。ただしエサの持ち込みは厳禁。

オサルクイズ

ハイキングコースの途中にはサルに関するクイズを設置。答えて進めばいつの間にかあなたもサル博士に!?

山頂展望台

インパクト大のバナナのオブジェが設置された展望台。京都の市街地が一望できるビュースポットは要チェック！

施設DATA

子ども用トイレ	○
おむつ替え	○
授乳室	○
ベビーカー利用	○
ベビーカー貸出	×
コインロッカー	○
園内飲食店	○
園内売店	○

三重県
津市●一身田上津部田

三重県総合博物館《みえけんそうごうはくぶつかん》（MieMu）《（みえむ）》

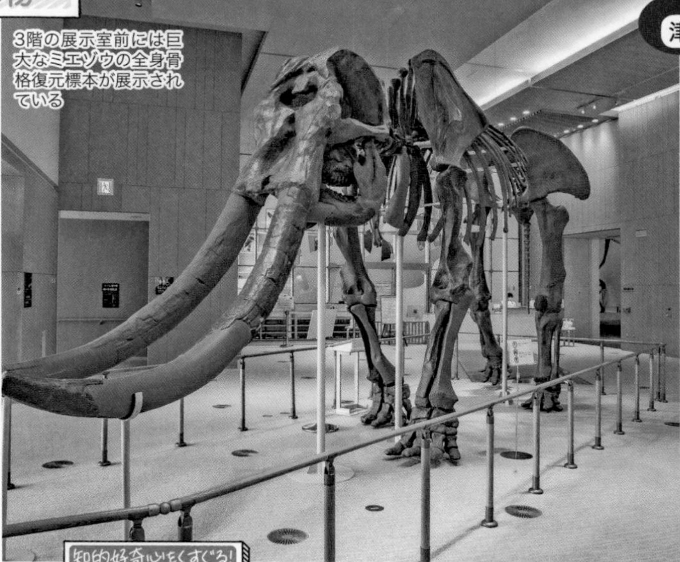
3階の展示室前には巨大なミエゾウの全身骨格復元標本が展示されている

Editor's Voice

野生のサルなので近付きすぎたり、目を合わせると危険なので十分注意しましょう。（嵐山モンキーパーク）

三重県のさまざまな魅力を伝える立体的で楽しい展示に子どもたちも夢中になれるはず。（三重県総合博物館（MieMu））

知的好奇心をくすぐる!
注目ポイント

三重！みえ！MIE!

自然や文化財、特産品などの写真や映像をコラージュした展示室入口。ここだけでもつい見入ってしまう。

三重の自然

秘境とも称される大台ヶ原、伊勢湾などの豊かな海といった自然と、そこに暮らす生きものを紹介している。

三重の歴史・文化

古くから続くお伊勢参りや熊野詣、それらがこの地にもたらした食文化など、歴史や文化を幅広く紹介。

知的好奇心UP!

育つ力

洞察力　思考力

日本の縮図・三重のすべてがわかる博物館

伊勢湾や熊野灘、鈴鹿山脈といったスケールの大きな自然、伊勢神宮や熊野古道を中心に古くからこの地に根付いた歴史・文化など、まるで日本の縮図のような多様性をもつ三重県の多彩な魅力をさまざまな展示物を通して総合的に学ぶことができる。定期的に開催されるワークショップは、小さな子どもが楽しめる。

「MieMu(みえむ)」の愛称で親しまれる近代的な博物館

ココも嬉しい！

館内立ち寄りスポット

子どもが楽しみながら学べる

こども体験展示室《こどもたいけんてんじしつ》

子どもたちが展示の中を探検しながら興味があるものを発見し、それについて調べたり、関連するものを見つけたりできる展示室。

時休利用法は公式サイトで要確認

所要 2時間
適齢 3歳～

アクセス

交JR津駅からバスで5分、バス停総合文化センター前下車すぐ

駅内EV ○

☎059-228-2283

住津市一身田上津部田3060 料520円。大学生310円、高校生以下無料 時9～17時、展示室への最終入場は閉場30分前 休月曜（祝日の場合は翌日） P1400台

MAP P186D2㉖

施設DATA

子ども用トイレ	○
おむつ替え	○
授乳室	○
ベビーカー利用	○
ベビーカー貸出	○
コインロッカー	○
館内飲食店	×
館内売店	○

COLUMN

動物の達人に聞きました！

日本中の動物園や水族館を訪ね歩き、施設の情報に詳しい佐々木さん。動物の魅力やお仕事のことなどを教えてもらいました！

達人はこの人！

佐々木 隆さん

ささきたかし●遊園地専門家。動物園・水族館にも詳しく、レジャー分野全般を得意とするライター。『るるぶ にっぽんの動物園』『るるぶ にっぽんの水族館』『＃かわいい＃楽しい＃癒し＃動物園に行こう』『＃かわいい＃楽しい＃癒し＃水族館に行こう』（JTBパブリッシング）の、ほぼ全施設・全動物の執筆・編集を担当。Webメディア『るるぶKids』でも多くの動物系記事を執筆している。

Q ズバリ！ 動物の魅力を教えて！

動物は生きている、ということです。生きているからいつも一緒の動きでなく、**毎回新鮮な発見**をさせてくれます。特に、開園直後や閉園直前はよく動いていることが多いので、好きな動物はその時間を狙って見に行ったりします。

Q 子どものころはどんな子でしたか？

実家で犬や鳥を飼っていたことはあり、よく世話をしていたので、自然と動物に親しんでいました。ただ、その分野に大きな関心があったわけではないので、当時の私を知っている人は、現在の私の職業やメディアに登場するシーンに驚いていると思います。

Q 動物を好きになったきっかけは？

動物園や水族館の本をつくるにあたり、多くの施設を訪れ、さまざまな動物や生きものと出合ううちに、その魅力にはまっていきました。そのため、動物を好きになったのは、子どものころからではなく、大人になってから。**いつ好きになるかは関係なく、どれほど好きになるかが重要**ですね。

Q 動物の仕事でおもしろいと感じるのは？

私の「動物の仕事」は「動物園・水族館を紹介する仕事」が主です。おもしろいのは、動物園や水族館で、**今まで気がつかなかった動物や生きものの行動やエピソードに出合ったとき**です。その動物たちを、ますます好きになり、みなさんに紹介したくなります。

動物の達人になるために頑張ったことは？

今はまだ多くの動物園・水族館を訪れ、さまざまな動物や生きものに合いに行っている途中です。これからも見るだけでなく、動物のことを合う前に下調べしたり、現地で飼育員さんに話をうかがったりして、もっともっと動物のことを知りたいです。

動物の仕事で大変なことは？

一番大変、というか悲しいのは、紹介した動物が亡くなってしまったときや、紹介した動物園・水族館が閉園・閉館してしまったときです。生きものであり、商売ですから仕方ないのですが、やっぱり寂しいですね。

子どもに紹介したい動物は？

ハシビロコウです。動かないことで有名ですが、何度も展示場の前を通りかかってみてください。違う姿を見られたり、やっぱり、動いてなかったり。「動かないからつまらない」でなく「動かないからおもしろい」という、これまでにない発見があります。

神戸どうぶつ王国のハシビロコウ

お気に入りの動物スポットは？

アドベンチャーワールド(P60)です。遊園地・テーマパーク専門家という一面からも、動物園・水族館というよりテーマパーク的な施設が好みです。パンダはもちろん、ふれあい広場などでお気に入りの動物を探すのが一番の楽しみ。

動物の達人を目指す子どもたちへメッセージ

動物をもっともっと好きになりましょう。好きになったら、その動物について、いっぱい調べましょう。そして、動物園や水族館に会いに行きましょう。合うたびに新しい発見があるはずですよ。ひとつのことにすごくハマること、それが何かの達人になる第一歩だと思います。

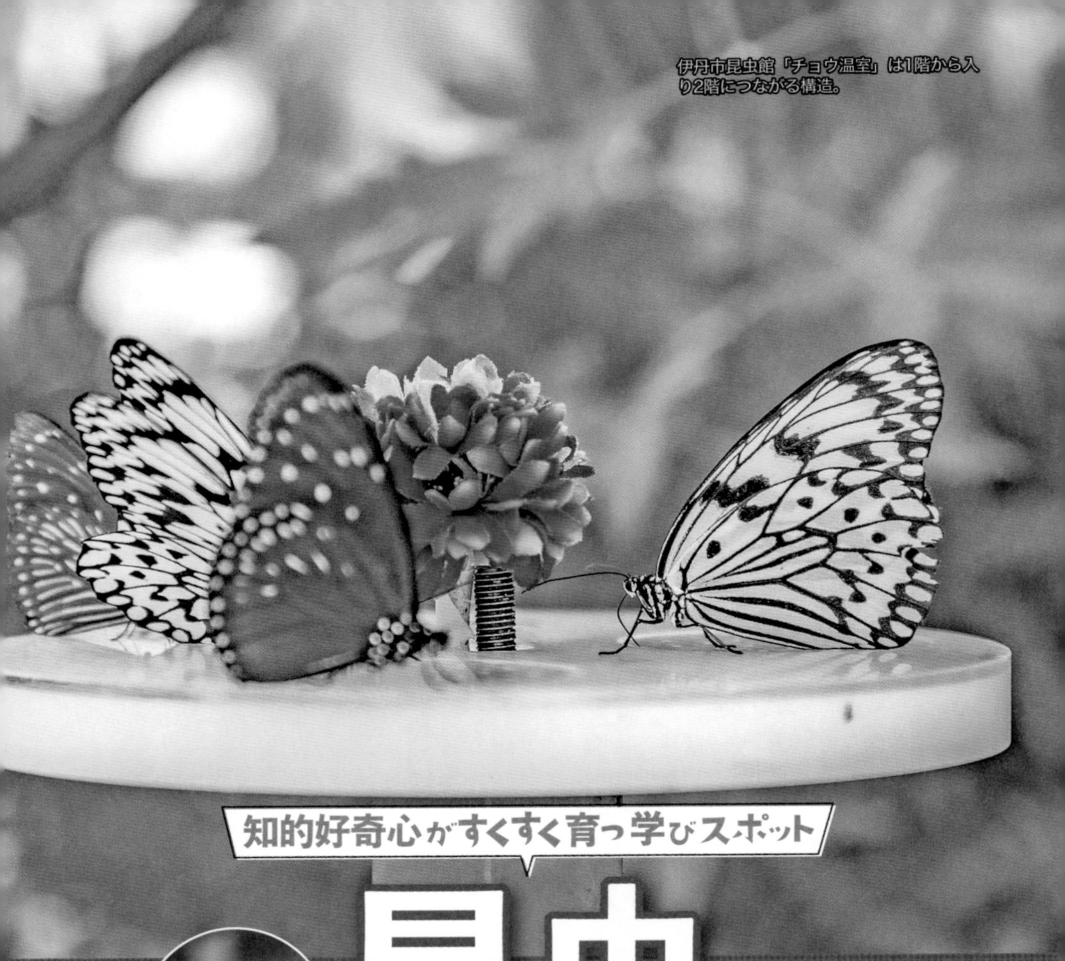

伊丹市昆虫館「チョウ温室」は1階から入り2階につながる構造。

知的好奇心がすくすく育つ学びスポット

昆虫

昆虫の達人もオススメ！

昆虫に詳しい達人がとくにおすすめする施設には、達人コメントを入れているので要チェック！

昆虫の達人

堀川ランプさん

ほりかわらんぷ●昆虫芸人・イラストレーター。日本大学大学院生物資源科学研究科修士課程修了。芸人のかたわら昆虫好きが高じ、昆虫に関する記事監修やイラスト執筆でも活躍。

COLUMN 昆虫の達人に聞きました！…P86

教えて！瀧先生

昆虫が子どもの知的好奇心を育てる理由

昆虫は、私たちの生活範囲で出合えるとても身近な生き物です。**特に子どもの低い目線の先には、小さな虫たちがたくさん住んでいます。**虫が登場する童謡も多いですね。種類の多さ、特異な形や動きは、子どもの興味を大いにそそるでしょう。人間や動物とは全く異なる生態サイクルを持ち、短い一生をすごす存在を知ることは、**命の尊さを知る体験**にもなります。昆虫と密接な関係の**草花や四季、自然環境**への知的好奇心にもつながります。

昆虫への知的好奇心で育つ力 **洞察力・思考力・思いやり**など

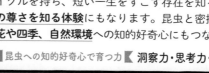

兵庫県
伊丹市●昆陽池

伊丹市昆虫館《いたみしこんちゅうかん》

所要 2時間
適齢 3歳～

知的好奇心UP!

育つ力

洞察力　思考力　思いやり

巨大なミツバチの模型に子どもも興味津々！

野鳥のオアシスとして知られる昆陽池《こやいけ》公園内にある昆虫館。入口すぐには、昆虫たちの世界を10倍に拡大したジオラマコーナーが設置されている。巨大なミツバチの模型「ビッグ・ビー」は驚くほどリアルで、体の構造などがわかりやすく学べると人気。関西一の面積を誇る「チョウ温室」では、14種約1000匹ものチョウが活動する様子を観察できる。2階にはチョウの幼虫やサナギ、ミツバチなどの生態を間近で見られる「学習室」や、企画展が行われる「第2展示室」もあり、幅広い知識が身につく。昆陽池や六甲の山々などが一望できる4階の展望台にも足を運ぼう。

達人コメント

入ってすぐに巨大昆虫ジオラマが来館者をお出迎えしてくれます。まるで昆虫の世界に入り込んだような気分を味わえますよ。

施設DATA

子ども用トイレ	○
おむつ替え	○
授乳室	○
ベビーカー利用	○
ベビーカー貸出	○
コインロッカー	○
館内飲食店	×
館内売店	○

緑豊かな施設周辺を親子で散策するのもいい

アクセス

交 JR・阪急伊丹駅からバスで18分、バス停玉田団地下車、徒歩3分

駅内EV ○

☎072-785-3582

住 伊丹市昆陽池3-1 昆陽池公園内 料 400円。高校・中学生200円、小学生～3歳100円、2歳以下無料 時 9時30分～16時30分（チョウ温室は10時～）、最終入館は閉館30分前 休 火曜（祝日の場合は翌日） P 昆陽池公園駐車場利用151台（1時間200円、以後30分ごと100円）

MAP P191C3㉗

Editor's Voice

館内では1階出入口近くの「自動販売機コーナー」、2階の「学習室」のみでドリンクを飲むことができます。ほかエリアでは飲食禁止です。

知的好奇心をくすぐる！ 注目ポイント

特別展示室

伊丹市で見られる昆虫を中心に、世界の珍しい昆虫など多数の標本などを展示している。設置されている解説パネルを読めば昆虫博士になれるかも。展示はさまざまなテーマで随時入れ替わり、リピーターからの人気も高い。

チョウ温室

関西で最も広い「チョウ温室」で、チョウのいきいきとした姿を観察しよう。1階からスタートし、緩やかな傾斜をのぼって進むルートになっており、出口は2階につながる。18℃以上に保たれているので、冬場はあたたかい。

学習室

昆虫はもちろん、身近な自然に関する図書約2000冊を自由に読める。交流員も常駐しているので、昆虫の生態などについて気軽に質問してみよう。生体展示にも注目を。

生態展示室

カブトムシやクワガタなど子どもたちに人気が高い昆虫から、タガメやゲンゴロウなどの水生昆虫など、約30種類が見られる。季節や時期により展示される昆虫が変わることもある。

「ビッグ・ビー」の眼にはカメラが仕込まれており、2カ所のモニターで映像を確認できる

「チョウ温室」には学習パネルも設置

ココも嬉しい！ 館内立ち寄りスポット

ここだけの昆虫グッズをゲット！

ミュージアムショップ《みゅーじあむしょっぷ》

缶バッジや昆虫Tシャツといったオリジナルグッズのほか、標本作製の道具などを販売。オリジナルグッズに使用されている写真は、学芸スタッフが撮影したもの。

入り口すぐ 時休施設に準ずる

ココならでは体験！

ミツバチのおうち

「学習室」には、ガラス越しにセイヨウミツバチの巣を展示するコーナーが。元気に飛び回る様子をじっくり観察して、後ろ脚に花粉ダンゴをつけている働きバチを見つけてみよう。

窓際に設置されている。天気がいいとミツバチの動きも活発に

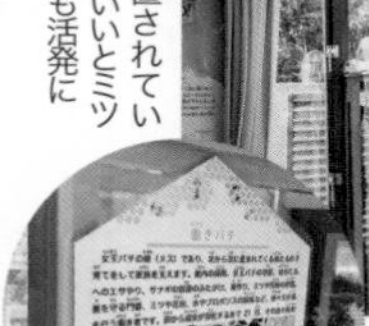

ミツバチの生態に関する解説もあり、学びが深まる

大阪府
高槻市●南平台

高槻市立自然博物館《たかつきしりつしぜんはくぶつかん》 あくあぴあ芥川《あくあぴああくたがわ》

音や匂い、感触を体感できるからおもしろい

「子どもたちに生きものについて知ってほしい」と、展示物、おもちゃ、本、自然工作などいろいろな角度からアプローチ。1階にある昆虫コーナーでは、高槻市内に生息する昆虫の標本はもちろん、子どもが思わず手を伸ばしたくなるような「五感で楽しむ」展示の数々に注目したい。3階は図鑑や絵本が充実する図書コーナーになっており、1階で見た標本を図鑑や絵本で探してみるのもいい。2階は高槻市を流れる一級河川・芥川《あくたがわ》の水辺の生きものの展示、4階は飲食ができる休憩スペースとなっている。充実の施設を無料で利用できるのもうれしい。

知的好奇心UP!

育つ力

洞察力　想像力　思いやり

施設DATA

子ども用トイレ	○
おむつ替え	○
授乳室	○
ベビーカー利用	○
ベビーカー貸出	○
コインロッカー	○
館内飲食店	×
館内売店	○

4階の休憩スペースは展望のよさが自慢。自然の空気を感じて

所要 1~2時間

適齢 0歳~

アクセス

交JR高槻駅からバスで15分、バス停南平台小学校前下車すぐ

駅内EV ○

☎072-692-5041

住高槻市南平台5-59-1 料無料 時10~17時 休月曜(祝日の場合は翌日) P芥川緑地駐車場利用199台(1時間ごと100円、1日最大400円)

MAP P188D1㉘

Editor's Voice

土曜はイベントが多く混雑することが多いそう。ゆっくり見るなら平日か日曜の午後が狙い目です。

知的好奇心をくすぐる！ 注目ポイント

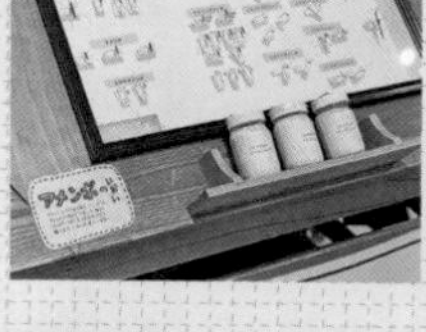

1階展示 アメンボの匂い

匂いを発してコミュニケーションをとるアメンボ。3種類のアメンボの匂いを嗅ぎくらべ。

1階展示 セミの鳴き声

3種類のセミの鳴き声を聞きくらべができる。どんな風に聞こえたか話し合ってみて。

2階 水槽コーナー

2022年4月にリニューアル。全長18.4mの展示水槽は約6mごとに芥川流域の上流・中流・下流を再現している。

1階展示 スズメバチの巣

本物のスズメバチの巣にふれることができる。実際に手でさわってどんな感触か感じてみよう。

3階 図書コーナー

自然や動植物に関する図鑑や絵本が充実。子どもたちが靴を脱いでくつろぐスペースも。鳥の羽など自然素材を使ったおもちゃや、廊下を活用したすごろくなど遊びの要素が満載！

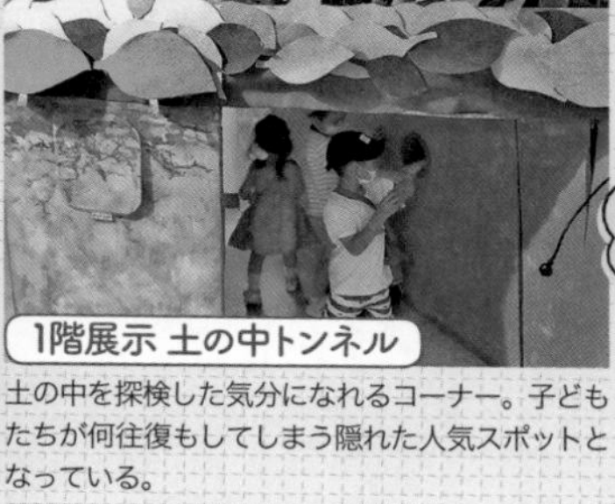

1階展示 土の中トンネル

土の中を探検した気分になれるコーナー。子どもたちが何往復もしてしまう隠れた人気スポットとなっている。

鳥類や哺乳類の剥製展示。まるで本物の自然の中にいるかのよう

鯉のエサやり

4階のエントランス前にある池では鯉のエサやりができる。エサ(1袋30円)はエントランス横で購入することができる。

ココならでは体験！

多彩な自然体験イベント

毎週土曜と毎月第2日曜は自然工作教室(予約不要)を、偶数月の第4水曜(12月は第3水曜)は、絵本の読み聞かせの後、本物の生きものを見ながら学芸員の話が聞けるお話会(先着順)を開催している。

ほかにもさまざまなイベントを開催

橿原市昆虫館《かしはらしこんちゅうかん》

見て・聞いて・さわって 感じる昆虫館

1000点を超える昆虫標本や化石標本などを展示。4つの展示室を備え、昆虫の生態や人間との関係など、さまざまな視点で学習できる。「放蝶温室」では、沖縄県・八重山地方に生息するオオゴマダラをはじめ、約10種類のチョウが飛び交う様子を一年中見られる。1階の「生態展示室」では、昆虫が生息する環境を再現したジオラマや、小型カメラを操作して虫の目線で世界を見る「ミクロ探検隊」などが楽しめる。「自然観察会」「観察教室」「昆虫セミナー」といった学習会も開催。近隣にはアスレチック遊具などが備えられた香《か》久《ぐ》山《やま》公園もある。

知的好奇心UP!

育つ力

- 洞察力
- 想像力
- コミュニケーション力
- 思いやり

施設DATA

子ども用トイレ	○
おむつ替え	○
授乳室	○
ベビーカー利用	○
ベビーカー貸出	×
コインロッカー	×
館内飲食店	×
館内売店	×

特別展や企画展も定期的に行われ、みどころたっぷり

所要 1〜2時間
適齢 1歳〜

アクセス

交 近鉄大和八木駅からコミュニティバスで30分、バス停橿原市昆虫館下車すぐ

駅内EV ○

☎0744-24-7246

住 橿原市南山町624 料 520円。大・高校生410円、中学生〜4歳100円、3歳以下無料 時 9時30分〜12時30分、13時30分〜16時30分、最終入館は閉館1時間前 休 月曜（祝日の場合は翌平日）※GW・夏休み期間は無休 P 100台

MAP P188F4㉙

Editor's Voice

図書コーナーがある標本展示室3内には休憩所もあるので、ここでひと休みするのもおすすめです。

知的好奇心をくすぐる! 注目ポイント

標本展示室1

“生き物タイムトンネル”をくぐって展示室内に入ると、古生代から現代にいたる生命誕生や進化の歴史などが学べる展示物が並ぶ。本物の化石にふれることができるワクワクドキドキの展示も。

放蝶温室

約500㎡の放蝶温室に年間を通じて10種類約500〜800匹のチョウが舞っており、チョウのさまざまな行動を観察することができる。亜熱帯地方の植物も間近で見られる。

美しい南国のチョウが目の前で乱舞する「放蝶温室」は見逃せない

大和盆地の自然と昆虫

奈良県の自然環境を再現したジオラマ。土中で暮らす生きものを観察できるのぞき穴があり、子どもたちも思わず夢中に。普段は見ることのできない里山を体感できるのも魅力だ。

標本展示室2

パネルや映像など子どもたちの好奇心を刺激する工夫が施された展示が並ぶ。昆虫標本も展示されている。「昆虫と体くらべ」「虫のコミュニケーション」など、ユニークなテーマにも注目を。

ミクロ探検隊

設置された小型カメラを自分で操作することによって、樹液に集まる昆虫や、水の中で生活する昆虫などを虫と同じ目線でその世界を見ることができる楽しい展示。

ココも嬉しい!

立ち寄りスポット

珍しい昆虫や生きものを展示

特別生態展示コーナー《とくべつせいたいてんじこーなー》

新館(研修棟)にあり、異なる生態をもつ生きものを展示している。バッタやゴキブリ、魚類、カメなど、身近な生きものの生態について学ぼう。

㊊新館(研修棟)
時休 施設に準ずる

コロンビアに生息するペレイデスモルファの標本

大阪府

箕面市●箕面公園

箕面公園昆虫館《みのおこうえんこんちゅうかん》

ふわふわとゆっくり飛ぶオオゴマダラをはじめ、常時10種以上のチョウが飛ぶ放蝶園

知的好奇心UP!

育つ力

洞察力　想像力　思いやり

達人コメント

かつて日本三大昆虫宝庫と称された箕面にある施設。生体展示が充実しているだけでなく、最新研究を反映した展示も魅力です。

驚きと発見を。森の中の昆虫館

一年中チョウが舞う放蝶園をはじめ、アリの巣の様子や巨大なゴキブリのお腹がのぞける生体展示コーナーなど、普段は見られない昆虫の姿を目にすることができる。夏はカブトムシとクワガタ、秋は鳴く虫など季節によって展示が変わるので、シーズンごとに訪れてみて。

箕面の滝へと続く滝道沿い。滝道はベビーカーでも登れる舗装道路

知的好奇心をくすぐる!

注目ポイント

キッズルーム

大きなイモムシのオブジェは記念撮影にもってこい。人気のクワガタのほか、生きたアリとその巣などが観察できる。

放蝶園

春夏は午前中、秋冬はお昼前後の時間帯が観察におすすめ。チョウが卵を産みに来る植物の鉢も置いてあるので要チェック!

映像シアター

オリジナル昆虫アニメーションを上映。年に1～2回上映内容が変わる。昆虫の映像が壁や床にも現れるので注目してみて。

生体展示

入口から入ってすぐの部屋にある生体展示。下からのぞけるようになっているので、昆虫の体をじっくりと観察してみよう。

所要 1～2時間

適齢 2歳～

アクセス

交阪急箕面駅から徒歩15分

駅内EV ×（地上駅）

☎072-721-7967

住箕面市箕面公園1-18 料280円。中学生以下無料 時10～17時、最終入館は閉館30分前 休火曜（祝日の場合は翌平日） Pなし※車の乗り入れ不可

MAP P189C1 30

施設DATA

子ども用トイレ	×
おむつ替え	○
授乳室	○（箕面公園管理事務所内）
ベビーカー利用	○
ベビーカー貸出	×
コインロッカー	×
館内飲食店	×
館内売店	○

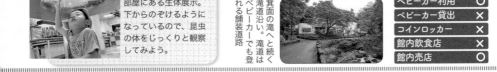

兵庫県
佐用町●船越

佐用町昆虫館《さようちょうこんちゅうかん》

館内は「スタディらぼ」を中心にぐるりと一周回る造りになっている

Editor's Voice

昆虫館が流し見になりがちな人は、昆虫を撮影して帰宅後に図鑑で振り返る方法がおすすめです。（箕面公園昆虫館）

不思議なことやわからないことは館長さんやスタッフさんが詳しく説明してくれます。（佐用町昆虫館）

知的好奇心をくすぐる!
注目ポイント

むしの宝箱

NPO法人こどもとむしの会の会員や、地元の小学生が作った標本がずらり。カブトムシや佐用町で採集した昆虫などを展示。

スタディらぼ

カブトムシやクワガタムシのほか、季節ごとのさまざまな昆虫を思う存分さわって、感触や体の仕組みなど、じっくり観察してみよう。

ココならでは体験!

自然の中で昆虫探しができる!

館外や周辺の広場で捕まえた昆虫を「ちょうちょひらひらハウス」に入れたり、持って帰ったりできる。大きな網の中に入って、昆虫たちを近くで観察しよう。

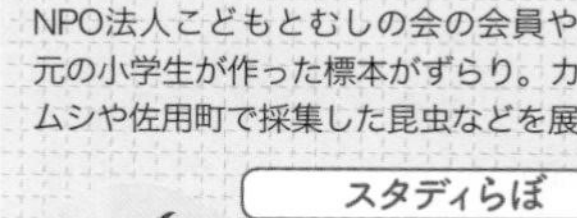
虫採り網や虫かごは無料でレンタル可能

知的好奇心UP!
育つ力

洞察力　思考力　思いやり

昆虫にさわることができる小さな昆虫館

「こどもとむしの秘密基地」をテーマにした昆虫館。生きた昆虫にふれたり、虫採りが楽しめたりとここだけでしか味わえない体験が魅力。館内では周辺で採れた昆虫や魚などを展示。庭にはチョウやトンボなど子どもたちが大好きな昆虫が集まり、無料で楽しめるのもうれしいポイントだ。

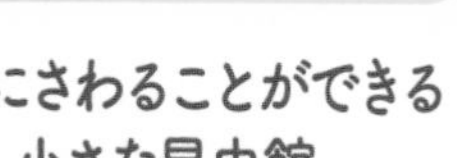
自然に囲まれた山間に佇む町の人気スポット

所要 1〜2時間
適齢 3歳〜

アクセス
交 中国自動車道山崎ICから県道53号経由で約20km

☎0790-77-0103
住 佐用町船越617
料 無料 時 10〜16時 ※入館は事前予約制。詳細は公式サイト参照 休 月〜金曜、11〜3月 P 15台
MAP P187A2 31

施設DATA

子ども用トイレ	×
おむつ替え	×
授乳室	×
ベビーカー利用	○
ベビーカー貸出	×
コインロッカー	×
館内飲食店	×
館内売店	×

COLUMN

昆虫の達人に聞きました！

昆虫をこよなく愛し、「昆虫芸人」という新境地を開いた堀川ランプさん。昆虫の魅力やお仕事のことなどを教えてもらいました！

達人はこの人！

堀川ランプ さん

ほりかわらんぷ●昆虫芸人・イラストレーター。新潟県出身。日本大学大学院生物資源科学研究科修士課程修了。白衣を着て、学者の研究発表を模したスタイルでおこなうフリップ芸が人気。昆虫好きが高じ、昆虫に関する記事監修やイラスト執筆でも活躍。YouTube で「堀川ランプの昆虫列伝」を配信中。日本変形菌研究会会員、成虫の会メンバー。オールジャンルの昆虫に詳しい。

Q ズバリ！ 昆虫の魅力を教えて！

昆虫は世界で約100万種、日本だけで約３万種もの種類がいるといわれていて、興味が尽きることがありません。また、昆虫の小さな体には自然界で生き残るための工夫がたくさん詰まっていて、**知れば知るほど不思議でドラマチック**です。

Q 子どものころはどんな子でしたか？

網と虫かごを持って近所の田んぼや草むらに行っては、何かしらの虫を捕まえて家に持ち帰ることを繰り返していました。今でもこれは変わっていません！学校でいい虫を見つけたときは、筆箱に入れて大事に持って帰ってました。

Q 昆虫を好きになったきっかけは？

山の中のお寺で生まれ育ったので、昆虫は物心ついた時から身近な遊び相手。カブトムシを育てて繁殖させたり、アゲハチョウの幼虫を蝶になるまで育てたりするのを、親にとがめられることなく、好きにさせてもらえました。**家族が協力的だったことが大きい**ですね。

Q 昆虫の仕事でおもしろいと感じるのは？

昆虫のイラストを描く時は、本物の昆虫写真を参考に描くことが多いですが、今まで数えきれないほど見てきた昆虫でも「あ、脚のこの部分は意外とトゲがたくさん生えてるんだ！」といった**新しい発見が毎回のようにあります**。

Q 昆虫の達人になるために頑張ったことは？

「知らない昆虫を見つけたら図鑑で調べる」を繰り返すことです。はじめは調べるのに時間がかかりますが、「知りたい！」という一心で繰り返し調べているうちに、初めて見た昆虫でも、なんらかの特徴から種類などを予想できるようになっていきます。

Q 昆虫の仕事で大変なことは？

昆虫の記事を執筆する時は最新の研究を確認しますが、ここ数年で昆虫の研究が一気に進み、知らなかった情報がいつの間にか増えていて急遽調べ直すことはよくあります。ですが、そこも含め昆虫の魅力だと思っています！

Q 子どもに紹介したい昆虫は？

アオオサムシです！ 地面を歩きながらミミズなどの小さい虫などを食べる肉食の甲虫の仲間です。緑色に輝く体がカッコよく、**地域によって色が若干違うのも魅力**！林でよく見られる昆虫ですが、都市部でも川の近くや木の多い公園で見ることができますよ。

Q 休日は何をして過ごしていますか？

飼っている昆虫の世話はもちろんですが、**昆虫の標本展示会があれば足を運んだり**、**その季節に見られる昆虫を採集するために山や河原に行くこと**が多いです。今まで採集してきた昆虫の標本づくりに費やすこともあります。

Q 1番お気に入りの昆虫スポットは？

伊丹市昆虫館(P78)は、標本が充実していることに加え、映像資料や生体展示も組み合わせた展示の工夫がいっぱい！ 初めて行ったときは衝撃的でした。多様な視点で昆虫を楽しめて、好奇心をより刺激してくれます。

Q 昆虫の達人を目指す子どもたちへメッセージ

昆虫の「ここが好き」というポイントを探してみましょう！ 力が強いのが好き、色が綺麗だから好き、体の形が好き、生態がおもしろいから好きなど、**昆虫をよく観察して「良いところをみつける力」がもてるようになる**と、どんどん詳しくなれます！

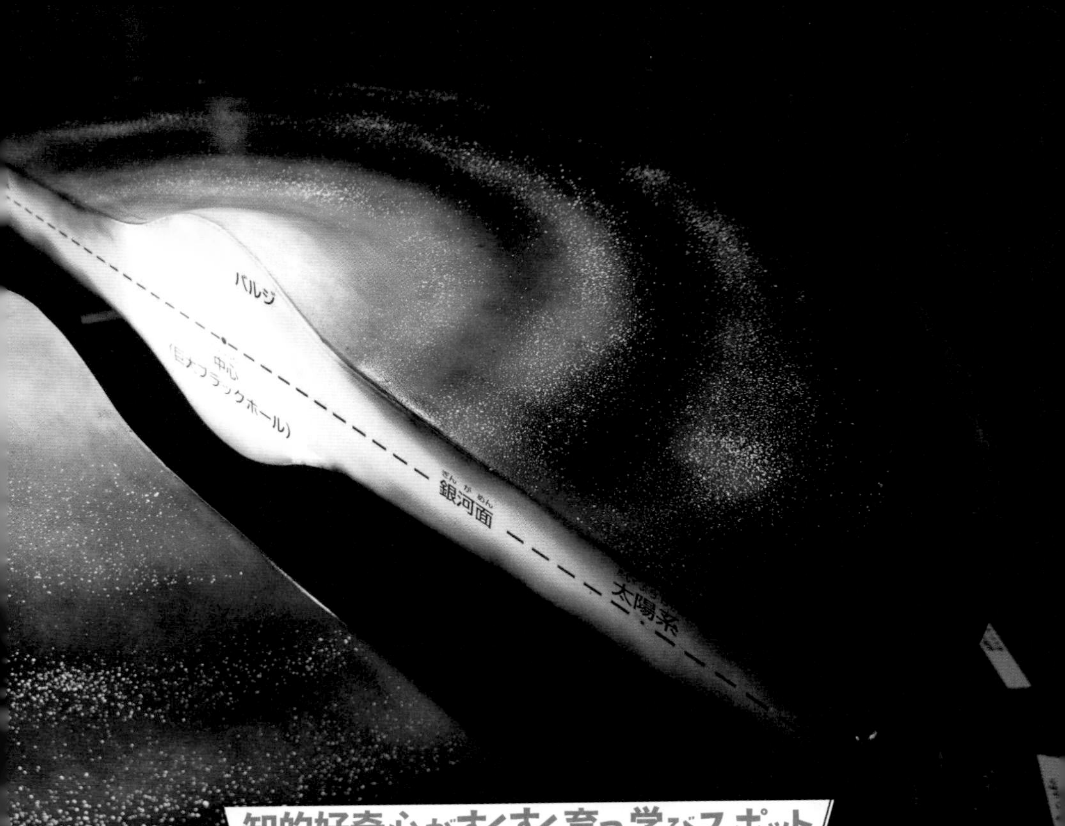

知的好奇心がすくすく育っ学びスポット

宇宙

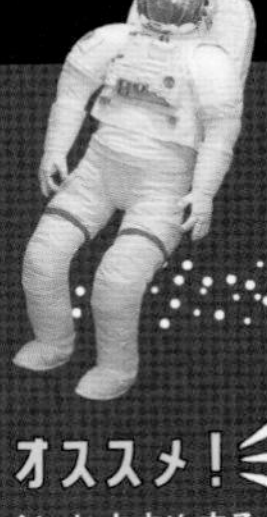

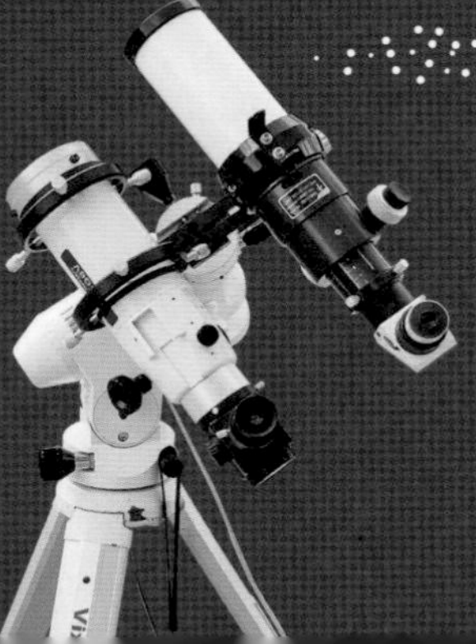

宇宙の達人もオススメ！

宇宙に詳しい達人がとくにおすすめする施設には、達人コメントを入れているので要チェック！

宇宙の達人

黒田有彩さん

くろだありさ●宇宙タレント。2016年に宇宙の魅力を幅広く伝えるコンテンツを企画する株式会社アンタレスを設立。2020年より内閣府「ムーンショットアンバサダー」に就任。

COLUMN 宇宙の達人に聞きました！…P100

明石市立天文科学館の「天文ギャラリー」

教えて！瀧先生

宇宙が子どもの知的好奇心を育てる理由

星空の変化や月の満ち欠けに気づいたりなど、子どもは日頃から空に自然と興味をもっています。空の向こうにあるもの想像したり考えたりすることは、子どものみならずワクワクしますね。数年後には宇宙旅行が実現する可能性があることも、より知的好奇心を刺激するでしょう。宇宙への興味は、**理科の学習の素地**になるのはもちろん、**宇宙にまつわる物語の世界や、宇宙に例えた美しい言葉表現**など、国語の分野にも広がりがあります。

宇宙への知的好奇心で育つ力 **洞察力・想像力・発想力**など

大阪府

大阪市●北区

大阪市立科学館《おおさかしりつかがくかん》

所要 1〜3時間

適齢 3歳〜

アクセス

交 地下鉄肥後橋駅から徒歩7分

駅内EV ○

☎06-6444-5656

住 大阪市北区中之島4-2-1 料 展示場400円、大学・高校生300円、中学生以下無料（プラネタリウム観覧料は600円、大学・高校生450円、中学生〜3歳300円） 時 9時30分〜17時、展示場入場は閉館30分前 ※プラネタリウムスケジュールは公式サイト参照 休 月曜（祝日の場合は翌平日） P なし

MAP P189C2㉜

最新プラネタリウムと体験型展示で楽しく学ぶ

「宇宙とエネルギー」をテーマにしたミュージアム。各フロアはテーマ別に展示されており、エレベーターで4階「宇宙とその発見」まで一気に上がった後は、3階「身近に化学」、2階「おやこで科学」、1階「電気とエネルギー」の順路で下りてくる。館内には星や宇宙に関するさまざまな展示や、大人も子どもも楽しめる体験型装置も多いので、時間を忘れて取り組んでみよう。地下1階には、2022年2月にリニューアルした世界最高クラスの映像美を誇るプラネタリウム（入替制）があり、神秘的な宇宙を迫力ある音響とともにゆったりした座席で楽しめる。

知的好奇心UP!

育つ力

洞察力　思考力

想像力　発想力

達人コメント

惑星体重計に乗って、それぞれの星で体重がどうなるか体験してみよう！ミクロの世界の展示もたくさんあって、親子で学べます。

施設DATA

子ども用トイレ	○
おむつ替え	○
授乳室	○
ベビーカー利用	○
ベビーカー貸出	○
コインロッカー	○
館内飲食店	○
館内売店	○

市制100周年記念事業のひとつとして開館

Editor's Voice

ミュージアムショップでは、いろいろな味の宇宙食や宇宙関連グッズ、本などが販売されているので宇宙好きには必見です。

知的好奇心をくすぐる! 注目ポイント

太陽

4階に到着したエレベーターから降りると、目の前の直径3mの球面スクリーンに迫力ある太陽が。実際の観測によるさまざまな波長で見た太陽の姿を、プロジェクションマッピングで再現。

月の満ち欠け

月の満ち欠けの原理を体験できる装置。スポットライトを太陽に見立てて、ゆっくり回転しながら月の模型を観察。三日月や満月など、月の光っている部分の見え方を体感できる。

直径26・5mという世界最大級のドームに美しい星空が映し出される

惑星の風景

太陽系の地面がある４つの惑星の中から大きい順に、地球、金星、火星の表面70kmをさわれる立体模型にして展示。地形の解説映像とともにそれぞれの惑星の違いを確かめよう。

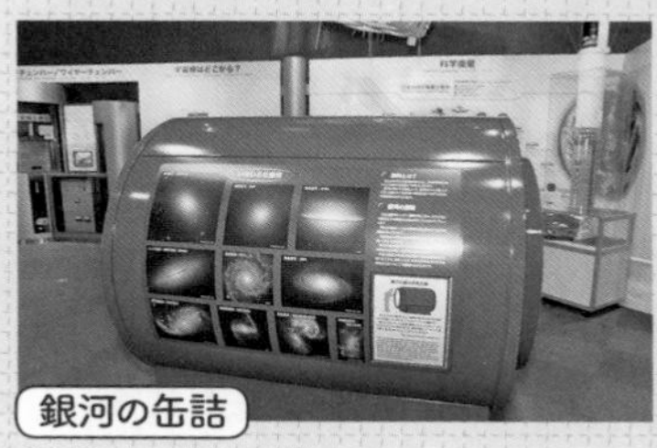

銀河の缶詰

私たちがいる天の川銀河を中心とする10億光年の空間を、長さ2m・太さ1mの円筒に閉じ込めた缶詰。銀河が密集しているところや銀河のないところなど、宇宙の立体構造を観察できる。

惑星の重力くらべ

天体によって重力が違うことを、リンゴの模型を持ち上げて体感できるコーナー。地球での重さを基準に、月・火星・木星・太陽での重さの違いを実際に体感して。

ココも嬉しい! 館内立ち寄りスポット

食事やカフェ休憩におすすめ

カフェレストラン スター・アイル《かふぇれすとらん すたー・あいる》

惑星や天体が描かれたテーブルが人気のカフェレストラン。年齢制限のないキッズプレート(800円)や宇宙カレー(850円)、期間限定デザートなどメニューも多彩。

☎06-6441-4740 1階 時火～金曜 時10時45分～16時30分(16時LO、土・日曜、祝日9時30分～)※軽食類は11時～ 休施設に準ずる

飛行士の生命を守る宇宙服も3階に展示

写真提供：大阪市立科学館(プラネタリウム館内画像)

バンドー神戸青少年科学館《ばんどーこうべせいしょうねんかがくかん》

最新式プラネタリウムと体験型展示が楽しい

「科学と・宇宙と・人と・驚きと＜出会う＞」をコンセプトにしたサイエンスミュージアム。館内にはテーマごとに分かれた6つの展示室と、ドームシアター(プラネタリウム)、天体観測室があり、ゲームや体験型展示を通して楽しく科学や宇宙のことについて学ぶことができる。天体観測室には国内最大級の貴重な口径25cm屈折望遠鏡があり、太陽の黒点を観察することも。プラネタリウムは、最新式の投影機や4Kレーザープロジェクター、8.2chサラウンドシステムで迫力ある星空を堪能できる。子ども向け番組もあるので、ファミリーで楽しもう。

知的好奇心UP!

育つ力

洞察力　思考力　想像力　発想力

達人コメント

科学館から飛び出し天の川銀河まで冒険する「時空ホッパー」が大人気！たくさんジャンプして宇宙ミッションをクリアしましょう！

施設DATA

子ども用トイレ	×
おむつ替え	○
授乳室	○
ベビーカー利用	○
ベビーカー貸出	○
コインロッカー	○
館内飲食店	×
館内売店	○

駅を出て歩道橋の上から見える茶色の建物

所要 3〜4時間
適齢 4歳〜

アクセス
交 ポートライナー南公園駅から徒歩3分
駅内EV ○

☎078-302-5177
住 神戸市中央区港島中町7-7-6 料 展示室600円。高校・中学・小学生300円(ドームシアター入館料400円。小学生以上200円) 時 9時30分〜16時30分(金〜日曜、祝日、春・夏休みは〜19時) 休 水曜(祝日の場合は翌日)春・夏休みは無休 P なし

MAP P191A4 33

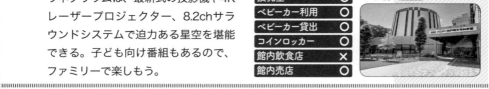

知的好奇心をくすぐる! 注目ポイント

Editor's Voice

館内に飲食店や売店はありませんが、新館地下1階のロビーでは飲食可能。お弁当の持ち込みができます。

発見の小径

約12mの壁面と床を活用したプロジェクションマッピング。宇宙、空、海、森、まちの様子がモチーフで、人の動作によって映像が変化する。手を広げたり、左右に動いたりしてみよう。

時空ホッパー

幅15m、高さ7.8mの大画面に投影された映像を活用した浮遊体験型アトラクション。画面に合わせてジャンプし、銀河系や地球内部、地球の歴史など3つの課題に挑戦。

2022年7月にリニューアル。よりリアルな美しい星空が楽しめる

地球探査スコープ

望遠鏡をのぞくと実際の映像とCGのシンクロ画像が見える。地球と宇宙の境界など、ワークシートを活用しながら大きな地球儀に隠された4つのアイテムの謎を解き明かそう。

探求のトビラ

時空ホッパーのミッションをクリアしたあとは、宇宙ステーションや深海の生物、生命の誕生など約70項目について解説している情報端末もチェック！さらに知識が深まる。

AIゾーン

「さくぶんAI」は、選択した3つの言葉から作文を制作してくれるAI。選ぶ言葉によって、できあがる文章の内容が違うので繰り返しやっても楽しめる。

ココも嬉しい! 館内立ち寄りスポット

宇宙食も実験キットも！ ミュージアムショップ《みゅーじあむしょっぷ》

科学の楽しさ、おもしろさを体感できるグッズが揃うショップ。特に人気が高い宇宙食は、カレーやスイーツ、おもちなど種類もさまざまで、おみやげにおすすめ。

ドームシアター（プラネタリウム）横
時 9時30分～16時30分（金～日曜、祝日は～18時30分） 休 施設に準ずる

神戸の海洋気象台にあった天体望遠鏡

写真提供：バンドー神戸青少年科学館

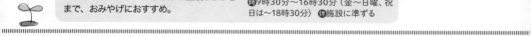

伊丹市立こども文化科学館《いたみしりつこどもぶんかかがくかん》

解説員が星空と宇宙を案内するプラネタリウムは家族で楽しめる

所要 2時間
適齢 2歳〜

アクセス
交 JR伊丹駅からバスで10分、バス停神津停留所下車、徒歩すぐ
駅内EV ○

☎072-784-1222
住 伊丹市桑津3-1-36 料 400円。高校・中学生200円、小学生〜3歳100円、2歳以下無料 時 9時〜17時15分、最終入館は閉館30分前 休 火曜（祝日の場合は開館。詳細は公式サイト参照） P なし

MAP P191C3㉞

施設DATA

子ども用トイレ	×
おむつ替え	○
授乳室	○
ベビーカー利用	○
ベビーカー貸出	×
コインロッカー	×
館内飲食店	×
館内売店	×

知的好奇心をくすぐる!
注目ポイント

宇宙ロケット打ち上げ
ロケットが飛ぶ仕組みを、ペットボトルロケットを飛ばして学ぼう。その勢いとスピードに驚くはず。

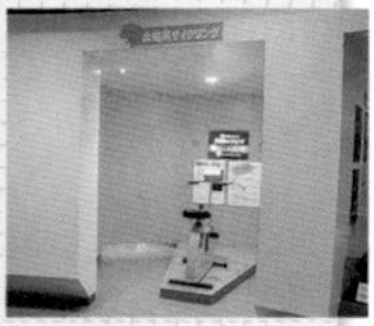

太陽系サイクリング
惑星の距離をサイクリングで体験するユニークな展示。一生懸命ペダルを漕いでゴールを目指そう!

プラネタリウム
小学生と家族向けのレギュラー投影、ちびっこ投影、大人向けのトワイライト投影の3種類がある。

太陽系惑星展示
金星や火星など、さまざまな太陽系の惑星について学べる展示。このほかにも太陽系がテーマの展示が多彩に揃う。

知的好奇心UP!
育つ力
洞察力　思考力
想像力　発想力

いろんな年代が楽しめるプラネタリウムが魅力

14mのドームに約500万個の星を映し出すプラネタリウムと、遊びながら宇宙の不思議にふれられる展示を展開。プラネタリウムでは、その日の星空と季節ごとのテーマを紹介する。未就学児向けの「ちびっこ投影」も好評だ。そばに空港があり、飛行機の離着陸を見られる屋上展望台も人気。

周辺には大阪国際（伊丹）空港や伊丹スカイパークも

兵庫県

明石市●人丸町

明石市立天文科学館《あかししりつてんもんかがくかん》

1960年の開館から稼働している旧東ドイツ製のプラネタリウム

Editor's Voice

ペーパークラフトなどの工作キットの販売があるので、思い出の品を作ってみましょう。（伊丹市立こども文化科学館）

キッズルームには絵本や子ども向けの宇宙に関する本があり、親子でゆっくり過ごせます。（明石市立天文科学館）

知的好奇心UP!

育つ力

想像力　発想力

達人コメント

非常に貴重な宇宙と時間に関する展示がたくさんあります。日本標準時子午線で写真を撮って、歴史あるプラネタリウムで宇宙を味わって。

知的好奇心をくすぐる!

注目ポイント

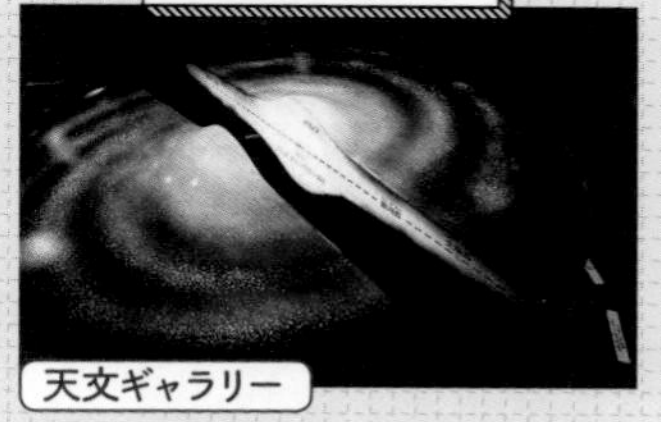

天文ギャラリー

太陽系、銀河系・宇宙、宇宙開発、それぞれの内容をわかりやすく展示。銀河系宇宙の構造がわかる模型は、ボタンを押すと半分に分かれる。ブラックホールのしくみなども模型で実験することができる。

日時計広場

ガイア日時計、半球型日時計、日時計の原理がわかるものなど、様々な日時計を野外に展示。人間日時計は、その月のマークに立ってみよう。

天体観望会

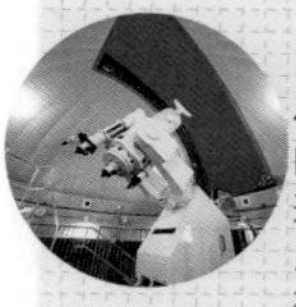

16階の観測室にある口径40cmの反射望遠鏡や、4階の日時計広場では小型望遠鏡を使った天体観測を、月に1回程度、金・土曜の夜に開催。オンラインで開催もあり。

子午線のあるまちで時と宇宙を楽しく学ぶ

子午線、暦と時、天文、天体観測をテーマにした"時と宇宙の博物館"。プラネタリウムは、ライブ解説で盛り上がる。軌道星隊シゴセンジャーが登場する投影番組、ベビー・キッズプログラムも充実。展示エリアでは宇宙のしくみや宇宙開発の歴史も学べる。

山陽電鉄人丸前駅のホームからも見える目立つ建物

所要　2時間

適齢　3歳～

アクセス

交 山陽電鉄人丸前駅から徒歩3分

駅内EV　×

☎078-919-5000

住 明石市人丸町2-6 料 700円。高校生以下無料 時 9時30分～17時、最終入館は閉館30分前 休 月曜、第2火曜（祝日の場合は翌日） P 90台（2時間まで200円、以降1時間ごと100円）

MAP P187B3 ㉟

施設DATA

子ども用トイレ	○
おむつ替え	○
授乳室	○
ベビーカー利用	○
ベビーカー貸出	○
コインロッカー	○
館内飲食店	×
館内売店	○

写真提供：明石市立天文科学館

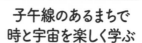

兵庫県立大学 天文科学センター 西はりま天文台《ひょうごけんりつだいがく てんもんかがくせんたー にしはりまてんもんだい》

直径2m、国内最大級の反射鏡を用いた「なゆた望遠鏡」

所要 2時間
適齢 5歳～

アクセス
㊋中国自動車道佐用ICから県道240号経由で約6km

☎0790-82-3886
㊟佐用郡佐用町西河内407-2 ㊕無料 ㊐9～21時 ㊡第2・4月曜(祝日の場合は翌日) Ⓟ50台
MAP P187A2㊱

知的好奇心UP!

育つ力

想像力　発想力

高性能の望遠鏡で星の輝きを観察しよう

大学施設で、天文に関する資料や解説を豊富に展示。研究者が観測に使っている天体望遠鏡で星空を見られるのは貴重な体験。なゆた望遠鏡は一般の人が直接観察できる望遠鏡としては世界最大級で、100億光年離れた天体を見ることができる。夜間天体観望会は、土・日曜は宿泊者以外も予約制で参加できる。

なゆたのある南館。60㎝望遠鏡は北館にある

知的好奇心をくすぐる!

注目ポイント

60cm望遠鏡

「昼間の星と太陽の観察会」を毎週末や祝日などの午後に開催。金星や水星、1等星が見える。予約不要。

太陽観察望遠鏡

太陽の表面に現れる黒点やプロミネンス、太陽フレアを観察できる。宿泊者は小型望遠鏡なども借りられる(望遠鏡操作実習要)。

ココならでは体験!

宿泊施設に泊まって星空観察

2LDKの部屋が6室ある

1室5名まで宿泊可な家族用ロッジ。風呂、トイレ、キッチンのほか、バーベキューサイトも完備。平日の夜間天体観望会は宿泊者限定で開催。

施設DATA

子ども用トイレ	×
おむつ替え	○
授乳室	×
ベビーカー利用	×
ベビーカー貸出	×
コインロッカー	×
館内飲食店	○
館内売店	○

写真提供：西はりま天文台

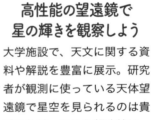

奈良県

橿原市●小房町

橿原市立こども科学館《かしはらしりつこどもかがくかん》

惑星の基地から飛び立つ宇宙飛行船を操縦し、地球を目指そう

Editor's Voice

播磨地方の山々が見渡せる景色は圧巻。野鳥が訪れ、季節の花々が咲く美しい地域です。（兵庫県立大学 天文科学センター 西はりま天文台）

月替りで身近な材料を使った工作を楽しめるミニ工作教室は、9時30分から配布される整理券が必要です。（橿原市立こども科学館）

知的好奇心をくすぐる!

注目ポイント

宇宙への旅立ちゾーン

惑星の軌道や太陽系の宇宙など、美しい惑星の模型を使って宇宙について紹介するコーナー。

空気ロケット

普段から見慣れているペットボトルを使ったロケットで打ち上げを体験できる。ロケットが飛ぶ原理を学ぼう。

電気の性質

電気を流そうとする力"電圧"や、電気を通す物と通さない物など、電気の性質について知ろう。

パイプの中を伝わる音

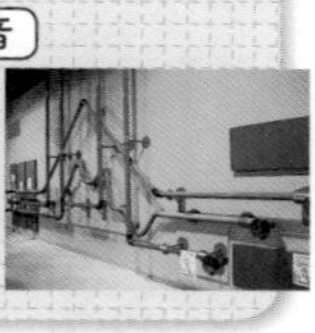

パイプを通して2人でお話してみよう。音の性質を利用して、距離が離れていても声がよく聞こえる仕組み。

知的好奇心UP!

育つ力

洞察力　思考力　想像力　発想力

宇宙飛行船の操縦など楽しい展示が充実

天体をはじめ、電気、光、音、力、磁石など科学にまつわる豊富な展示物を見て、聞いて、触って遊べる科学館。"宇宙への旅立ちゾーン"など、ジャンル別のゾーンが5つあり、宇宙や科学を楽しみながら学べる仕組みがいっぱい。毎月異なるテーマで実験を行う実験工房やミニ工作教室もある。

館内はエレベーターや授乳室を完備。小さい子どもを連れて訪れやすい

所要 2時間

適齢 3歳～

アクセス

交 近鉄畝傍御陵前駅から徒歩15分

駅内EV ○

☎0744-29-1300

住 橿原市小房町11-5 かしはら万葉ホール地下1階 料 520円。大学・高校生410円、中学生～4歳100円、3歳以下無料 時 9時30分～17時、最終入館は閉館30分前 休 月曜（祝日の場合は翌平日） P 450台（他施設と併用）

MAP P188F4㊲

施設DATA

子ども用トイレ	×
おむつ替え	○
授乳室	○
ベビーカー利用	○
ベビーカー貸出	×
コインロッカー	○
館内飲食店	×
館内売店	×

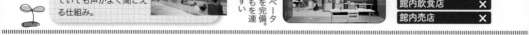

滋賀県

大津市●本丸町

大津市科学館《おおつしかがくかん》

地球を1000万分の1に縮小し表現したビッグアース。現在の気象状況などを観察できる

知的好奇心をくすぐる!
注目ポイント

宇宙体重計
地球のほか月や金星、火星など、星によって体重が違うのはどうしてだろう？星を選んで体重を測ってみよう!

三球儀

月は太陽と地球との位置関係によって満ち欠けする。レバーを握って模型を回転させることでその様子を観察できる。

トライアルジャンプ
重力が違うから、月でジャンプすると地球より高く飛べる。地球と月で異なるジャンプ力を測定してみて。

子育て支援特別投影

未就園児対象の映像と音楽いっぱいのプラネタリウム。安心して楽しめるよう、出入口を開放して上映する。

知的好奇心UP!

育つ力

洞察力　思考力

想像力　発想力

生命・自然・科学 テーマ別に展示を展開

「生命と自然」「科学の仕組み探検・体験」をテーマにした幅広い展示とさまざまな体験を通して科学のおもしろさが学べる施設。プラネタリウムではアニメなどとコラボした特別番組が見られるほか、未就園児とその保護者向けの特別投影は、周りに気兼ねすることなく楽しめると人気だ。

生涯学習センター内の2階と3階が展示フロア

所要 2時間

適齢 3歳～

アクセス

交 京阪膳所駅から徒歩7分

駅内EV ×

☎077-522-1907

住 大津市本丸町6-50（生涯学習センター内） 料 展示ホール100円。未就学児無料（プラネタリウム入場料400円。高校・中学・小学生200円、未就学児無料） 時 9時30分～16時、最終入館は閉館15分前 休 月曜（祝日の場合は翌日）、第3日曜 P 97台

MAP P190C2㊳

施設DATA

子ども用トイレ	×
おむつ替え	○
授乳室	×
ベビーカー利用	○
ベビーカー貸出	×
コインロッカー	×
館内飲食店	×
館内売店	×

和歌山県
和歌山市●寄合町

和歌山市立こども科学館《わかやましりつこどもかがくかん》

入館するとまず目に飛び込んでくる「こども宇宙ステーション」はみんな大好き

Editor's Voice

科学館から徒歩1分の場所に琵琶湖を望める膳所城跡公園があります。遊具があるほか、桜も見られます。（大津市科学館）

和歌山市営城北公園地下駐車場利用時は、窓口で駐車券を提示すると1時間の補助があります。（和歌山市立こども科学館）

知的好奇心をくすぐる！
注目ポイント

ふしぎな宇宙
偏光板の、仕組みが分かる仕掛けは、小さな子どもも興味を持ちやすいデザイン。学校で分からなかったこともこれで解決。

プラネタリウム

2019年にリニューアル。高解像度4Kデジタル投影機2台でドーム全体に投影される星空は、より本物に近く人気だ。

ふしぎ体験！科学広場

地震の体験や、雷のおこるわけ、リニアモーターカーなどの身近な不思議の仕組みが分かる装置が56種類。

ミニサイエンス

身の回りの科学をやさしく解説する約20分の工作体験。小さな子どもは保護者と一緒に参加可能。(内容は月替わり)

知的好奇心UP!

育つ力
- 洞察力
- 想像力
- 発想力

遊びをきっかけに 宇宙・科学への興味を

1981年に国際児童年と和歌山市制90周年を記念して開館した科学館。遊びながら宇宙や科学を理解できるとあって、家族連れが多く訪れる。プラネタリウムでは元教員による解説が子どもにも分かりやすいと評判。親子で参加できる実験工作や自然観察会、天体観測会などの科学教室も人気。

国道から1つ西側に入った角地にあり周囲の交通量は比較的少なめ

所要 2時間
適齢 3歳～

アクセス
交南海和歌山市駅から徒歩5分
駅内EV ○

☎073-432-0002
住和歌山市寄合町19
料300円。中学・小学生150円、未就学児無料（プラネタリウム観覧料は300円。中学・小学生150円）時9時30分～16時30分
休月曜（祝日の場合は翌日）、年末年始 P8台
MAP P187B3㊴

施設DATA

子ども用トイレ	×
おむつ替え	○
授乳室	○
ベビーカー利用	○
ベビーカー貸出	×
コインロッカー	×
館内飲食店	×
館内売店	×

写真提供：和歌山市立こども科学館(ミニサイエンス)

COLUMN

宇宙の達人に聞きました！

子どもの頃に宇宙に興味をもち、今ではタレントとしてその魅力を発信する黒田さん。宇宙の魅力やお仕事のことなどを教えてもらいました！

達人はこの人！

黒田有彩さん

くろだありさ●宇宙の魅力を発信しているタレント。兵庫県出身。中学時代のNASA 訪問で宇宙の虜に。お茶の水女子大学理学部物理学科卒業。国の審議会委員から YouTuber まで幅広い顔を持ち、宇宙の魅力を届ける。13 年ぶりに行われる JAXA 宇宙飛行士選抜試験に挑戦。YouTube「宇宙タレント黒田有彩 -- ウーチュー部 --」は必見。

Q ズバリ！宇宙の魅力を教えて！

大きくて未知で美しいところ！大きさは、私たち人類が想像するには気が遠くなるくらい。そして**私たちが知っている物質は宇宙を作るたった４％ほど**で、他はまだよく分からないものでできています。何と言っても宇宙は美しい！そう感じられる感性を遠いご先祖から受け継いだのだなと思うと誇らしい気持ちになります。

Q 子どものころはどんな子でしたか？

不思議だな、なんでだろう、と思う気持ちが強く、**なんでも試してみる子ども**でした。テレビで満月の大きさは腕を伸ばして持った５円玉の穴と同じくらいだと聞いて、ベランダに出て実際にやってみた時は「本当だ〜！」と感動しました。遠い月が少し身近になった瞬間でした。

Q 宇宙を好きになったきっかけは？

中学生の時にNASAを訪れた時にビビビッと来ました。それまではテレビや映画の中でしか知らなかった宇宙開発の世界でしたが、**実際に宇宙へ行って帰ってきたカプセルやとてつもなく大きなロケットを見たり**して、未知の宇宙に向かう人類って本当にかっこいいなと思いました。自分も何か宇宙に関わる仕事をしたいなと感じました。

Q 宇宙の仕事でおもしろいと感じるのは？

科学によって宇宙の**新しいことがどんどん分かってくること**。行ったこともない星がどんな成分でできているかも分かるんですよ。また、国の機関だけでなく民間企業も宇宙利用に参加できるようになってきたので、宇宙でできることや宇宙に行ける人がもっと増えるだろうなとワクワクしています。

Q 子どもに紹介したい宇宙の取り組みは？

今から50年以上前、人類は初めて月に降り立ちました。そしてまた、**月に行く計画が始まろうとしています**。今度は少しの滞在ではなく、水を採掘したり基地を作ったり、より長く生活できる環境を作ることを目的にしています。この計画に日本の民間企業も関わっていくんですよ。ぜひ注目してください！

Q お気に入りの宇宙スポットは？

バンドー神戸青少年科学館(P92)は、小中学生の時に週１で通っていた時期もあったくらい大好きな場所。たくさんの知的好奇心を育みました。館内で上映中の、私が出演しているプラネタリウム番組もおすすめです！

Q 宇宙の達人を目指す子どもたちへメッセージ

宇宙のお仕事は、種類もたずさわる人もこれからどんどん増えていくはずです。みなさんにはぜひ、**今はまだない新しい仕事を作ってほしい**と思います。地上のあらゆるサービスが、宇宙とかけ合わせができる可能性があるのです。どんなことができる世の中だともっとワクワクするか考えてみてください。それが宇宙へと繋がっていくと思います。

Q 宇宙の仕事で大変なことは？

宇宙で行われている開発や研究は、私たちの日常生活にすぐに影響がないので、もっと違うことにお金を使った方がいいんじゃないか、という意見も多いんです。もっと多くの人に「どうして宇宙開発をするのか」という意義が伝わることが必要です。大変なことですがやりがいのあることでもありますね。

Q 休日は何をして過ごしていますか？

まとまった休日に、星が美しく見える青ヶ島に一人旅をしたことがあります。都会では目立つ星が数個しか見えませんが、どれが何の星か見分けがつかないくらいたくさんの星に包まれました。南半球を旅して、普段とは逆さまに見える月や、南半球でしか見られない星座も見たいなと思っています。

知的好奇心がすくすく育つ学びスポット

乗り物

乗り物の達人もオススメ！

乗り物に詳しい達人がとくにおすすめする施設には、達人コメントを入れているので要チェック！

乗り物の達人

田代浩一さん

たしろこういち●第18代JTB時刻表編集長。2001年株式会社JTBに入社後、るるぶ情報版国内ガイドブックの編集、るるぶのWEBサイトの制作運営を経て、2021年4月より現職。

COLUMN 乗り物の達人に聞きました！…P120

関空展望ホールスカイビュー・スカイミュージアム『スカイミュージアム』のターミナルビル＆旅客エプロン模型

教えて！瀧先生

乗り物が子どもの知的好奇心を育てる理由

乗り物は、電車やバス、自動車、働く車、飛行機など、種類が豊富で、それだけに**興味関心の幅も多岐に渡ります。**車両の形やスピードに興味を抱けば科学技術に、役割を知ることは社会学習に、路線や地図に興味が広がれば地理に強くなります。車両名や駅名を次々覚えていくうち、文字や漢字を自然と習得することも。駅の発車メロディや英語のアナウンス、時刻表に夢中になる子もいるでしょう。**知的好奇心の宝庫**ともいえるジャンルです。

乗り物への知的好奇心で育つ力 **計画力・想像力・思考力**など

神戸海洋博物館《こうべかいようはくぶつかん》

所要 1時間
適齢 6歳～

アクセス

交JR・阪神元町駅、阪急・山電花隈駅から各徒歩15分、または地下鉄みなと元町駅から徒歩10分

駅内EV ○

☎078-327-8983

住神戸市中央区波止場町2-2 メリケンパーク内 料900円。高校・中学・小学生400円（カワサキワールドの入館料を含む） 時10～18時、最終入館は閉館30分前 休月曜（祝日の場合は翌平日） Pなし（周辺有料駐車場利用）

MAP P191A4㊵

知的好奇心UP!

育つ力

想像力　発想力　計画力

豊富な模型資料で神戸港の歴史を学ぼう

「海・船・港」の歴史と未来、そして神戸の街について、模型や映像などを使った体験型の展示で学習できる博物館。大小さまざまな船舶模型が多く展示されているのも特徴のひとつで、常設展示では約50点を見ることができる。入口すぐに配置されたイギリス軍艦「ロドニー号」の大型模型はインパクト大！海や港に関する仕事を体験できるシミュレーターも子どもに人気だ。施設内はスロープなどバリアフリー設備が充実しており、ベビーカーでもスムーズに見学できる。館内には、川崎重工グループによる企業博物館「カワサキワールド」（→P106）を併設している。

達人コメント

精巧に再現した帆船模型がいくつも展示されていて必見！またコンテナを運ぶシミュレーターゲームはこの博物館ならではです。

施設DATA

子ども用トイレ	○
おむつ替え	○
授乳室	○
ベビーカー利用	○
ベビーカー貸出	○
コインロッカー	○
館内飲食店	×
館内売店	○

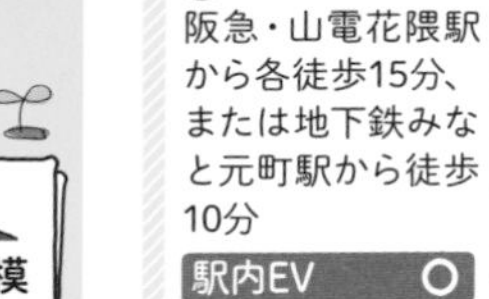

帆船の帆と波をイメージした白い大屋根が目印

Editor's Voice

1階のベビールームには、浄水済みの水またはお湯が使えるシンクなどうれしい設備が揃っています。

知的好奇心をくすぐる！ 注目ポイント

帆船航路

1階入口から奥まで続く展示は、所蔵する船の模型を年代順に並べており、船の歴史を学ぶことができる。西洋帆船や貨物船など、バリエーション豊かな模型が一気に観賞できるので、船好きの子どもたちは大喜び間違いなし！

神戸港 国際交流コーナー

1階講堂前には、神戸港を訪れた客船や、姉妹都市・姉妹港などの資料があるので、国際交流も学べる。イタリア・ヴェネチアから日本に初めて輸入された、6人乗りの大型ゴンドラの実物も展示されている。

ロドニー号模型

慶応3年(1868)の神戸港開港を祝福するために来航した、イギリス軍艦「ロドニー号」の縮尺8分の1サイズ模型。バックには、神戸港が開港した当時の様子を再現したプロジェクションマッピングが投影される。

「ロドニー号」の模型は、長さ12mもの大きさ。ダイナミックさに大興奮！

神戸港 行き交う船たち

貨物船・クルーズ船をはじめとしたさまざまな船について、壁面の大型パネルなどを使って説明。写真手前の「さわって発見！神戸の船たち」は、映像の中の船をタッチすると、それぞれの特徴などが表示される体験型展示。

壁面展示パネルをめくってみよう！

ココも嬉しい！ 館内立ち寄りスポット

来館の記念におみやげを買おう♪

KOBE MARITIME MUSEUM SHOP《こうべ まりたいむ みゅーじあむ しょっぷ》

ボトルシップやマリングッズのほか、日常使いできるクリアファイルなど、幅広いグッズを購入できる。併設の「カワサキワールド」のグッズもこちらで手に入る。

時 休 施設に準ずる

ココならでは体験！

シミュレーターでお仕事体験！

神戸港で働く人々の仕事を、ゲーム感覚で体験しよう。船の中のコンテナを移動させる「ガントリークレーンシミュレーター」と、港務艇を操縦する「神戸港 操船シミュレーター」の2種がある。

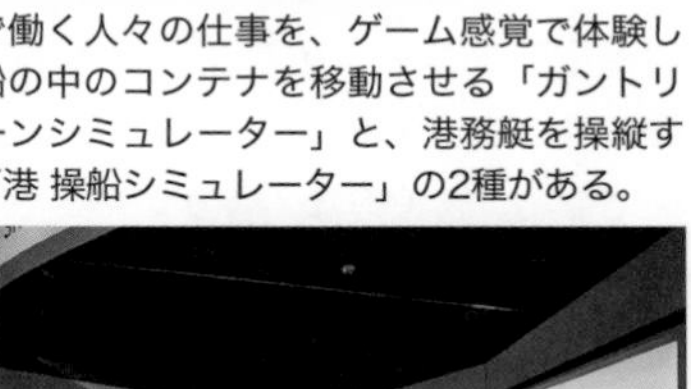

神戸港を再現した映像の中で本格的な操縦体験を

2本のレバーを操作。クレーンオペレータの仕事を学ぼう

カワサキワールド《かわさきわーるど》

所要 2時間
適齢 3歳～

アクセス
交 JR・阪神元町駅、阪急・山電花隈駅から各徒歩15分、または地下鉄みなと元町駅から徒歩10分

駅内EV	○

☎078-327-5401
住 神戸市中央区波止場町2-2 メリケンパーク内（神戸海洋博物館内）料 900円。高校・中学・小学生400円（神戸海洋博物館の入館料を含む）時 10～18時、最終入館は閉館30分前 休 月曜（祝日の場合は翌平日）P なし（周辺駐車場利用）

MAP P191A4 41

陸・海・空すべての乗り物を学びつくす！

川崎重工グループによる企業ミュージアムで、「神戸海洋博物館」（→P104）の館内に併設。モーターサイクルをはじめとした乗り物や産業用ロボットなど、川崎重工グループが手がけた製品の紹介を通じて、ものづくりの大切さを伝えている。施設奥は「陸のゾーン」、「海のゾーン」、「空のゾーン」に分かれており、それぞれで実物または大型の模型を展示。バイクのライディングシミュレーターなど、体験型展示の豊富さも人気の理由のひとつ。かつて川崎重工グループでものづくりに携わっていた方々による、ボランティアガイドも利用できる。

知的好奇心UP!

育つ力
思考力　想像力　計画力

達人コメント
バイクのKAWASAKIの歴代マシンが並んでいる姿に興奮。身長制限はありますが、そのバイクにまたがる体験マシンもおすすめ。

施設DATA

子ども用トイレ	○
おむつ替え	○
授乳室	○
ベビーカー利用	○
ベビーカー貸出	○
コインロッカー	○
館内飲食店	×
館内売店	○

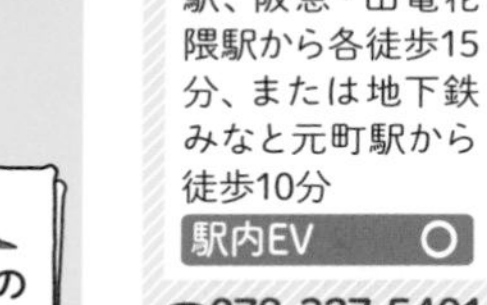

入口すぐの飛行機のパネルで記念写真を撮ろう

Editor's Voice

施設内では、電車の運転士体験ゲームが無料でプレイできます。人気のため、譲り合って利用しましょう。

知的好奇心をくすぐる!

注目ポイント

川崎バートルKV-107II型ヘリコプター

物資などの輸送に使用されていた大型のヘリコプターを実物展示。操縦室を見学できるほか、客室の座席には実際に座ることができる。親子でフライトごっこをして、想像力を育てよう。

モーターサイクルギャラリー

世界に誇るKAWASAKIモーターサイクルの歴代マシンやレース車などがずらりと並ぶ。レースを疑似体験できるシミュレーター「RidEX」や、市販の人気車種にまたがれる体験コーナーも。

ヒストリーコーナー

施設の入口すぐには、川崎重工グループの歴史をわかりやすい資料や実機展示で学べるコーナーが広がる。精巧な模型やブルーインパルスなど、子どもたちに大人気の展示もお見逃しなく。

0系新幹線

初代新幹線として知られる0系新幹線の先頭車両の実物を展示。客室の座席はもちろん、運転席にも座ることができるのがポイント。

鉄道模型コーナー

ショーケースの中には、4種の新幹線のほか特急列車などの鉄道模型が走り、そのうちの1機を操作することができる。神戸の街をリアルに再現したジオラマにも注目を。

水上バイクの体験ゲーム

水面を駆け抜ける、爽快な気分が体感できるシミュレーターゲームにチャレンジ！体重移動をすることでカーブを曲がることができ、リアルな感覚を味わえる。

実物の0系新幹線の奥には、約3分の1スケールで再現した運搬船

「ヒストリーコーナー」にはドクターヘリの小型模型が！

ココも嬉しい！

館内立ち寄りスポット

たっぷり遊んだあとはひと休み

ドリンクコーナー《どりんくこーなー》

4人掛けテーブルが4つ設置された、休憩用のスペースも用意している。自動販売機があるので、のどが渇いたときも安心。コーナー内の食事は禁止なので気を付けて。

場「空のゾーン」付近 時 休 施設に準ずる

ココならでは体験！

ライディングシミュレーター「RidEX」

1000ccの大型バイクにまたがり、実在のコースを走行する疑似体験ができる。左右に体を傾けると、球体状のスクリーンの映像が連動！身長制限140cm以上、会場内での予約が必要。

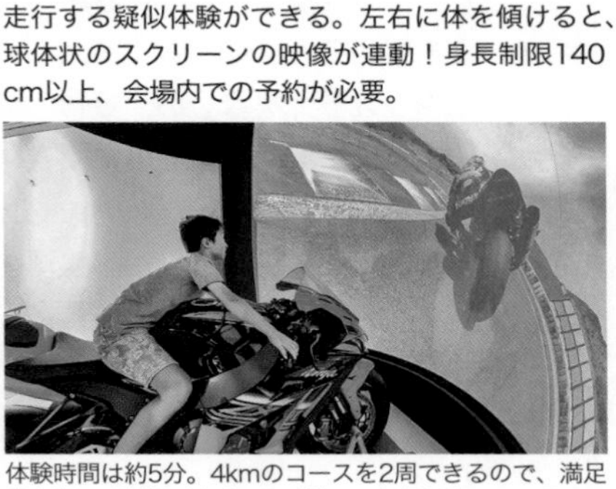

体験時間は約5分。4kmのコースを2周できるので、満足度も高い。映像にはプロライダーの走行も映っているので、一緒にレースをしている気分に

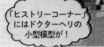

京都府
京都市●下京区

京都鉄道博物館《きょうとてつどうはくぶつかん》

知的好奇心UP!

育つ力
- 洞察力
- 思考力
- 想像力
- コミュニケーション力

達人コメント
車両見学も楽しいけれど、橋梁やトンネル、電気など鉄道に関わる物事についても詳しく展示。さまざまな仕事に興味がわくはず。

所要 2時間
適齢 3歳～

アクセス
交JR梅小路京都西駅から徒歩2分またはJR京都駅から徒歩20分

駅内EV ○

☎0570-080-462

住京都市下京区観喜寺町 料1200円。大学・高校生1000円、中学・小学生500円、3歳以上200円 時10～17時、最終入館は閉館30分前 休水曜（祝日の場合は開館）※臨時休館あり。公式サイトで要確認 Ⓟなし（周辺有料駐車場利用）

MAP P190A2㊷

蒸気機関車から新幹線まで54両の実物車両が勢揃い！

「見る、さわる、体験する」をテーマにしたビッグスケールのミュージアム。蒸気機関車から新幹線まで、実物の車両をなんと54両も展示！見るだけではなく、さわったり実際に乗車できる車両も用意されている。また、幅約30mの巨大な鉄道ジオラマをはじめ、鉄道の仕組みや安全性を高めるための工夫などがわかる展示も興味深い。本物の蒸気機関車が牽引する車両に乗る体験や、運転シミュレータなど体験展示も充実。京都市指定有形文化財の「旧二条駅舎」を利用した建物内にある、ミュージアムショップにもぜひ立ち寄りたい。

施設DATA

子ども用トイレ	○
おむつ替え	○
授乳室	○
ベビーカー利用	○
ベビーカー貸出	○
コインロッカー	○
館内飲食店	○
館内売店	○

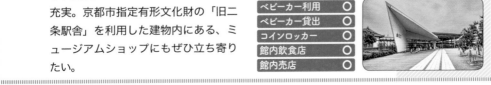

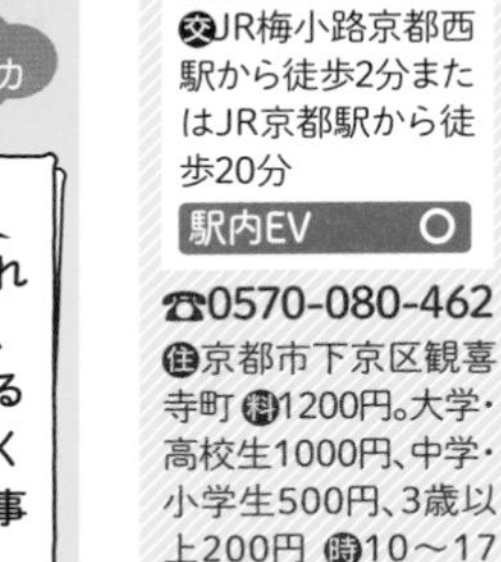
先端が尖った特徴的な建物の入口から入館

知的好奇心をくすぐる!
注目ポイント

Editor's Voice

想像以上にスケールの大きな博物館です。時々休憩しながらゆっくり楽しんでください。

扇形車庫

国指定重要文化財である扇形車庫と、蒸気機関車をダイナミックフルに回転しながら方向を変える転車台。明治から昭和にかけて活躍した代表的な蒸気機関車が展示されている。

プロムナード

エントランスホールと本館とをつなぐ全長約120mのプラットホームをイメージした屋外スペース。蒸気機関車「C62形26号機」や、新幹線「0系21形」などの実物車両を展示。

本館1階の吹き抜けには新幹線「500系521-1」、高度経済成長期に大活躍した「クハネ581-35」などを展示

SLスチーム号

本物の蒸気機関車が牽引する客車に乗車できる人気の体験展示で、日本でも数少ない取り組み。乗車には乗車券(料高校生以上300円、中学生～3歳100円)が必要。

鉄道ジオラマ

実物車両の約80分の1スケールの鉄道模型を係員が運転する、幅約30mの巨大なジオラマ。オペレーターのスタッフが運転・解説する、ライブ感あふれるおよそ15分のショーが楽しめる。

鉄道ジオラマにはドクターイエローも！

ココも嬉しい！
館内立ち寄りスポット

旧二条駅舎の中でお買い物
ミュージアムショップ《みゅーじあむしょっぷ》

京都市指定有形文化財の旧二条駅舎内にあるショップ。店内には鉄道好き必見のグッズがところ狭しと並んでいる。レトロな佇まいの建物の中でゆっくりお買い物を。

住旧二条駅舎 時休施設に準ずる

ココならでは体験！
運転シミュレータ

運転士が実際に訓練で使用するシミュレータをもとに、お仕事体験ができる。体験には事前に電子チケット等(料100円)の購入が必要なので、忘れずに。

シミュレータの隣には運転士の制服も用意されている

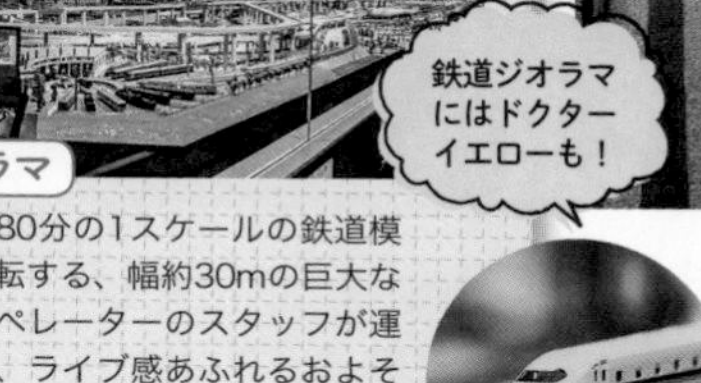

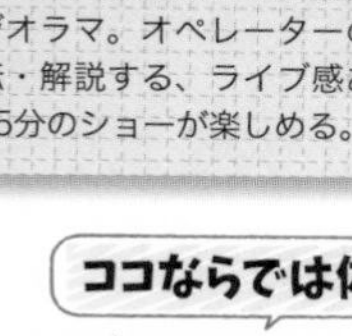

子どもに人気の、券売機のきっぷ購入体験

京都府

京都市●南区

京都市市民防災センター《きょうとししみんぼうさいせんたー》

知的好奇心UP!

育つ力

- 想像力
- 計画力
- コミュニケーション力
- 思いやり

親子で参加したい防災体験ツアー

地震や台風、火災など、さまざまな災害を想定した防災体験ツアーを実施する施設。インストラクターの案内で回るツアーは、所要約2時間。最新技術を駆使した4D映像で災害の恐ろしさを疑似体験したり、実際に体を動かして消火訓練をしたりと、防災への意識が高まる内容となっている。アトラクションのように楽しめるシミュレーターやゲームを通して防災学習できるコーナー、消防士に変身できる施設などもあり、子どもでも積極的に体験して、自然と学びが得られるように工夫されている。また、館内には防災意識を高めるさまざまな展示も。

達人コメント

展示数は多くないが、火災のときの避難体験や消火器を使った消火体験など、実際に役立つ防災体験ができるのが一番の魅力。

施設DATA

子ども用トイレ	○
おむつ替え	○
授乳室	○
ベビーカー利用	○
ベビーカー貸出	×
コインロッカー	○
館内飲食店	×
館内売店	○

所要 2時間

適齢 3歳～

アクセス

交 近鉄十条駅から徒歩8分

駅内EV ○

☎075-662-1849

住 京都市南区西九条菅田町7 料 無料（前日までに要事前予約）時 ツアー開始時間9時30分、10時30分、13時30分、14時30分 休 月曜、第2火曜（祝日の場合は翌日）P 10台

MAP P190A2㊸

オリエンテーションステージにはミニ消防車が

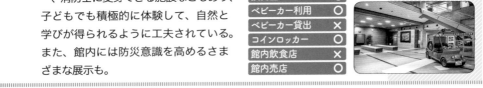

Editor's Voice

体験を通してしっかり防災学習ができる施設です。ぜひ親子でのツアー参加をおすすめします。

知的好奇心をくすぐる!

注目ポイント

映像体験コーナー

ツアーのスタートはハイビジョン映像シアターから。地震をはじめとした各種災害の恐ろしさや、京都で実際に起こった過去の災害の歴史などについて学ぶ。

ゲーム性の高い体験コーナー

「アンダーパスの危険性」や「出動!!こども消防隊」など、アトラクションのように楽しめる防災体験施設も多数。子どもでも退屈せずにゲームを通して防災学習ができる。

消火体験コーナー

モニターに映し出された模擬火災に、訓練用の消火器を使って消火活動を行う体験コーナー。モニター内で燃えさかる炎に効果的に水をかけて、いち早く消火しよう!

4Dシアター 迫りくる地下街の恐怖

地下空間への浸水の恐怖をテーマに、立体映像で見せるシアター。地下空間に水が勢いよく流れ込んでくる恐怖をリアルに体験でき、あらためて災害時の行動について考えさせられる。

水圧がかかった扉の重さを実感!

3階には消防ヘリコプターの実機が置かれており、シミュレーターで操縦体験できる

ココも嬉しい!

館内立ち寄りスポット

いざというときの備えを

防災グッズ販売コーナー《ぼうさいぐっずはんばいこーなー》

1階受付横の販売コーナーでは、消火用のバケツや非常食などを販売している。防災体験ツアーに参加した後は、その必要性を実感できるものばかり。

時休施設に準ずる

ココならでは体験!

まだある、さまざまな体験プログラム

震度4～7程度の横ゆれを実際に体験できる「地震体験コーナー」、煙が充満する中を避難する「避難体験コーナー」など、さまざまな防災体験施設はどれも実生活に結びつく。

地震体験では立っていられないほどのゆれを体感!

ホテル火災を想定して煙が充満した廊下。さあどうする?

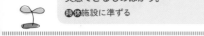

滋賀県

長浜市●北船町

長浜鉄道スクエア《ながはまてつどうすくえあ》

知的好奇心UP!

育つ力

想像力　思考力　計画力

かっこいいSLと
レアな電車に大興奮！

入口に立つ現存最古の「旧長浜駅舎」と、資料展示室のある「長浜鉄道文化館」、D51形蒸気機関車とED70形交流電気機関車を展示する「北陸線電化記念館」の3つの建物からなる。通称デゴイチとよばれるD51形蒸気機関車（D51形793号機）と、赤色が印象的なED70形交流電気機関車（ED70形1号機）の車両展示は人気が高く、どちらも運転席に座って運転手気分が味わえる。「長浜鉄道文化館」には、鉄道資料のほかオリジナルのジオラマやえほんコーナーなどもあり、幼児も満足できる。県指定有形文化財に指定されている歴史遺産「旧長浜駅舎」も必見。

達人コメント

旧駅舎を使った博物館内も、開業当時の明治時代の駅長室や待合室などを再現しており、今と異なる駅舎の雰囲気が体験できます。

施設DATA

子ども用トイレ	×
おむつ替え	○
授乳室	○
ベビーカー利用	○
ベビーカー貸出	×
コインロッカー	×
館内飲食店	×
館内売店	○

所要 2時間

適齢 1歳〜

アクセス

交JR長浜駅から徒歩3分

駅内EV ○

☎0749-63-4091

住長浜市北船町1-41 料300円。中学・小学生150円、小学生未満無料 時9時30分〜17時、最終入館は閉館30分前 休無休 P長浜駅西駐車場利用87台（最初の1時間無料、以後1時間ごと150円。土・日曜、祝日は最初の1時間無料、以後1時間ごと200円）

MAP P186D1㊹

ノスタルジックな旧長浜駅舎

Editor's Voice

施設の駐車場はありませんが、すぐ隣には長浜駅西駐車場があり、駅からも近いのでアクセス至便です。

知的好奇心をくすぐる! 注目ポイント

鉄道模型

「長浜鉄道文化館」の2階にあるHOゲージの鉄道模型。現在の長浜駅周辺を中心に、日本の四季を感じるオリジナルのジオラマが楽しめる。0系新幹線や113系電車などが走る。

ED70形1号機運転席

「北陸線電化記念館」に展示されているED70形交流電気機関車は、日本で唯一現存しているED70形で、鉄道ファンからも人気が高い。リアルな運転席にもテンションがあがる。

長浜と鉄道史展示

「長浜鉄道文化館」には、長浜の鉄道史や鉄道に関する資料を展示。天井はヨーロッパのターミナル駅を模したデザインになっている。

えほんコーナー

「長浜鉄道文化館」には、電車の絵本が読めるエリアも。小さな子ども向けの本など、20冊弱のさまざまな本が取り揃えられている。

一等二等待合室

明治15年(1882)に完成した「旧長浜駅舎」では、待合室や駅長室など当時の様子を再現。長椅子やランプなどが置かれ、趣のある空間に。

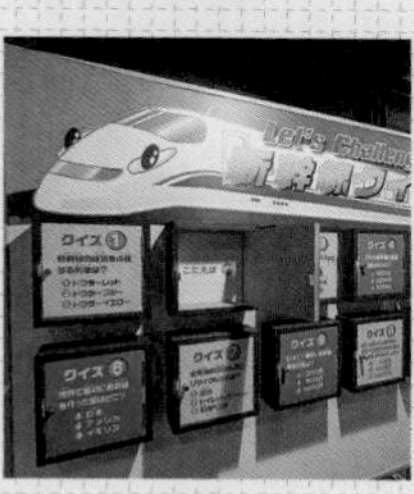

鉄道クイズ

館内には、鉄道のクイズが設置されている。企画展の開催時には、それにまつわるクイズも登場。クイズに挑戦して、鉄道博士を目指そう！

車両展示を囲むように興味深い資料も展示されている

ココも嬉しい! 館内立ち寄りスポット

新たに登場したオリジナル商品も！

記念品販売コーナー《きねんひんはんばいこーなー》

入口付近には、鉄道モチーフのアイテムが揃うショップも。2022年夏から登場したキッズTシャツ(1600円)やサコッシュ(1100円)などのオリジナル商品は要チェック。

㊎旧長浜駅舎
㊐㊡施設に準ずる

ココならでは体験！

北陸線を走る本物の電車が間近に！

「北陸線電化記念館」の階段をのぼったところにある「展望デッキ」からは、北陸線を走る電車が望める。その先には現在の長浜駅も見えるので、新旧の駅舎をくらべてみるのもおもしろい。

1時間約2本、電車が走行する。時刻表をチェックしながらベストタイミングを見逃さないようにしよう

滋賀県
長浜市●三和町

ヤンマーミュージアム《やんまーみゅーじあむ》

知的好奇心UP!

育つ力

思考力　想像力
発想力　計画力

達人コメント
ヤンマーの乗り物に関連する豊富な体験ゲームが魅力。パワーショベルやエンジン音のリズムゲームなど遊んで学べます。

見て・ふれて・体験して チャレンジ精神を育む

コンセプトは「やってみよう！わくわく未来チャレンジ」。見て・ふれて・体験しながらチャレンジの大切さやおもしろさが学べる。日常ではあまり出合えない乗り物を間近で見られるだけでなく、本物のパワーショベルを操縦したり、ボートの操縦シミュレーションをしたりと好きなものを時間内(体験開始から2時間)なら何度もチャレンジできる。時間が過ぎても館内のビオトープや足湯などが自由に利用でき、事前予約でイベントやワークショップにも参加できる。展示エリアにはヤンマー歴代のエンジンなどの展示・解説があり、大人にも興味深い施設だ。

施設DATA

子ども用トイレ	○
おむつ替え	○
授乳室	○
ベビーカー利用	○
ベビーカー貸出	○
コインロッカー	○
館内飲食店	○
館内売店	○

所要 3時間
適齢 1歳～

アクセス
交 JR長浜駅東口から徒歩10分
駅内EV ○

☎0749-62-8887
住 長浜市三和町6-50
料 800円。中学・小学生400円、未就学児無料 時 10時～17時30分 ※事前予約制 休 月曜(祝日の場合は翌平日) P 44台
MAP P186D1 45

屋外に展示された本物のプレジャーボート

Editor's Voice

土・日曜、祝日に限り、JR長浜駅前（西口）とヤンマーミュージアム間でシャトルバス（無料）を運行しています。

知的好奇心をくすぐる！ 注目ポイント

サステナブルエナジークライミング

はたらく車などで建てられたビルをイメージしたタワー。ボルダリングやトップロープにチャレンジできる。ビルの壁をよじのぼりトップに到達するとビルが美しく輝く。

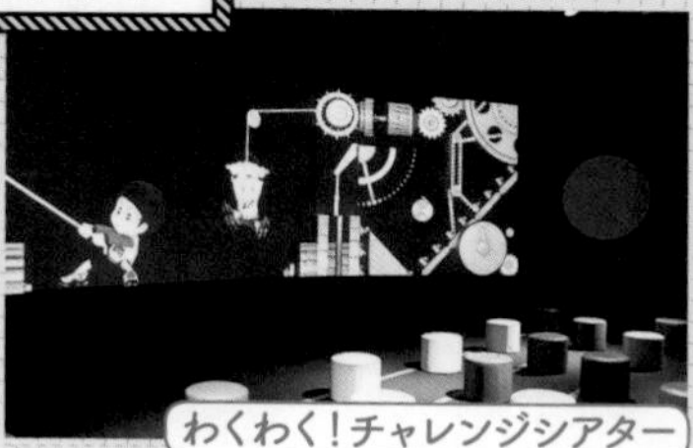

わくわく！チャレンジシアター

見学はここからスタート。プロジェクションマッピング技術を活用した巨大スクリーンでヤンマーのチャレンジ精神が分かりやすく解説される。

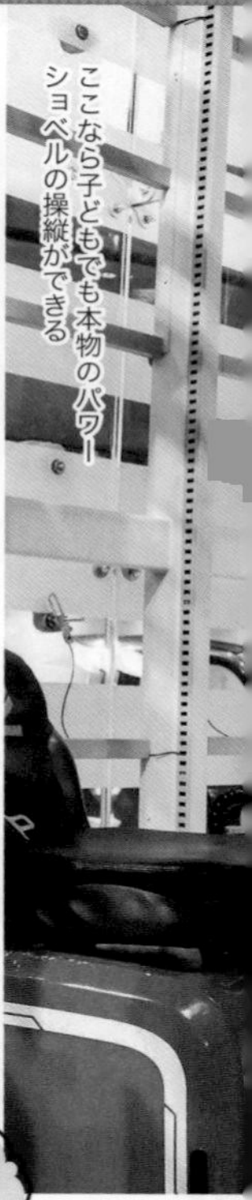

ここなら子どもでも本物のパワーショベルの操縦ができる

コンセプトトラクターYT01

田畑を耕すトラクターもこんなにカッコイイ。未来の農家が作業や運転をしやすい工夫が満載で無人運転も想定されている。隣に並んで記念撮影もおすすめだ。

ウェイクサーフィンボートレース

ヤン坊マー坊が技を決められるようにプレジャーボートの操縦にチャレンジ。はじめに説明が流れるので初めてでも大丈夫。目の前には本物のプレジャーボートも。

操縦後は撮影用のサーフボードに乗ってポーズ

ココも嬉しい！ 館内立ち寄りスポット

オリジナルグッズがずらり

ヤンマーミュージアムショップ

やんまーみゅーじあむしょっぷ

♪♪

充実の品揃えでいろいろ見たくなる。おみやげ選びの時間は多めに予定しよう。パワーショベルを運転した子どもは、VIO17プルバックカー（700円）が欲しくなるかも。

料 入館料不要

時 10時～17時30分

ココならでは体験！

お弁当チャレンジ

食育も充実。好きなおかずやごはんをお弁当箱へ詰めれば、栄養バランス、カロリーや調理にかかるエネルギーなどを瞬時に表示する。健康やエネルギー利用方法を考えるきっかけに。

食事が偏っていないかチェックできる

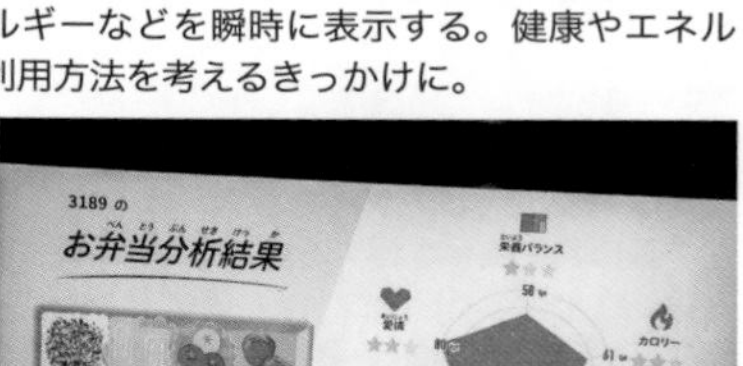

お弁当作りは指で直感的に操作できるので簡単

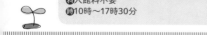

大阪府

泉佐野市●泉州空港北

関空展望ホール スカイビュー・スカイミュージアム《かんくうてんぼうほーる すかいびゅー・すかいみゅーじあむ》

スカイミュージアムの「ターミナルビル&旅客エプロン模型」は、実物の72分の1の大きさ

所要 2時間

適齢 2歳～

アクセス

交 関西空港第1ターミナルから無料シャトルバスで6分

駅内EV ○

☎072-455-2082

住 泉佐野市泉州空港北1 料 無料 時 スカイデッキ10～17時、スカイミュージアム11～16時 休 無休（変更の場合あり、要問合せ） P 142台（20分100～110円）

MAP P187B3 46

知的好奇心をくすぐる!

注目ポイント

スカイデッキ

巨大な旅客機が大空へ飛び立つ様子や、滑走路に着陸する様子が見られるスカイデッキ。間近で見ると迫力満点！

スカイミュージアム

日本初の人工空港島である関西国際空港。造成工事がどのように進められたかがわかる模型なども展示。

知的好奇心UP!

育つ力

想像力

コミュニケーション力

語彙力

飛行機のビュースポットで空の世界に思いを馳せる

関西国際空港内にある飛行機のベストビュースポットと、飛行機に関する展示や空に関する体験が楽しめるミュージアム。360度のパノラマ展望が楽しめる4・5階スカイデッキから飛行機の発着や空港の全貌などを眺め、3階のミュージアムでさまざまな角度から空の世界を体感しよう。

ココならでは体験！

空の仕事体験コーナー

実寸大のコックピットに乗って操縦体験ができるシミュレーターも設置。本物ならではの臨場感が味わえる。ほかにCAなどの仕事が体験できるコーナーも。

2022年10月現在、シミュレーターは休止中

スカイデッキからはターミナルビルや滑走路を一望

施設DATA

子ども用トイレ	○
おむつ替え	○
授乳室	○
ベビーカー利用	○
ベビーカー貸出	×
コインロッカー	○
館内飲食店	×
館内売店	○

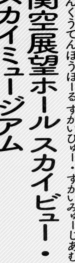

大阪府
池田市●ダイハツ町

ダイハツ史料展示館《だいはつしりょうてんじかん》 Humobility World《ひゅーもびりてぃ わーるど》

展示館4階にはクルマの仕組みがわかるさまざまな展示物が設置されている

Editor's Voice

内容充実のキッズコーナーもあるので、小さな子ども連れでも楽しめます。（関空展望ホール スカイビュー・スカイミュージアム）

実際に乗車することができるクルマも展示されています。（ダイハツ史料展示館Humobility World）

知的好奇心をくすぐる！
注目ポイント

あの懐かしい車に出合える

三輪の軽貨物自動車・ミゼットなど、ダイハツが世に送り出した名車の数々を展示。時代とともに歩んだ旧車たちとの出合いに心弾む。

当時の時代背景と共に知る

戦後の動乱期から現代にいたるまで、時代のニーズに合わせて生まれたクルマの歴史を知ることができる。

クルマの仕組みを学ぶ

クルマの基本原理「走る」「曲がる」「止まる」が学べる体験装置。軽自動車を設計するコーナーもある。

ココならでは体験！

軽自動車を設計しよう！

テーマに合わせて色や形を変えながら、オリジナルのクルマをデザインできる。完成したクルマはモニター内を走行する。

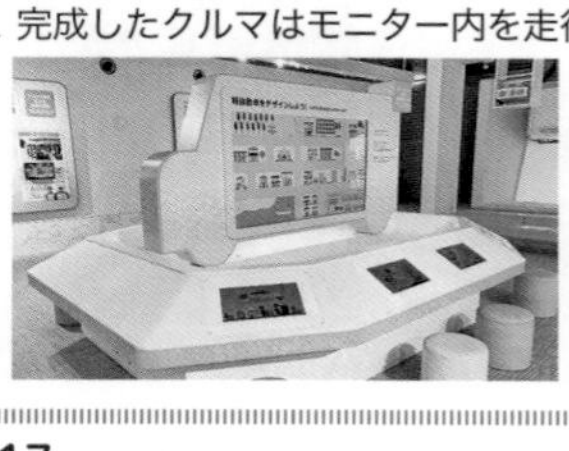
自分でデザインしたクルマははがきに印刷して持ち帰ることができる

知的好奇心UP!
育つ力
発想力　計画力

スモールカーとともに学ぶ日本の近現代史

ダイハツ本社ビルに併設されているクルマのミュージアム。ダイハツが100年以上にわたって人々の暮らしに寄り添い、時代が求めるクルマを世に送り出してきた歴史を紹介。世の中を席巻《せっけん》した名車の数々とともに、その時代背景も知ることができる。クルマの仕組みや原理を学べる展示もあり、興味深い。

国道171号線に面し、車でのアクセスも便利

所要 1時間
適齢 3歳～

アクセス
交 阪急石橋阪大前駅から徒歩20分
駅内EV ○

☎072-754-3048
住 池田市ダイハツ町1-1 料 無料 時 9時30分～12時、13～17時、最終入館は閉館1時間前 休 土曜のみ開館 P 50台
MAP P189C1 47

施設DATA

子ども用トイレ	×
おむつ替え	○
授乳室	○
ベビーカー利用	○
ベビーカー貸出	×
コインロッカー	○
館内飲食店	×
館内売店	○

大阪府
枚方市●楠葉花園町

KUZUHA MALL SANZEN-HIROBA

くずはもーる さんぜん ひろば

3505号車の実物車両。デジタル映像を見ながら運転体験ができる

知的好奇心をくすぐる!
注目ポイント

3505号車運転体験
実際に使われていた本物の車両の運転席に座って、リアルな運転体験を！(料2000円 時1日4回実施(11・13・15・17時～))

8000系運転体験
京阪特急の8000系シミュレーター。運転席が再現されているので臨場感抜群。(料300円 時受付は～19時)

2600系運転体験
通勤用車両の2600系シミュレーター。マスコンやブレーキなどを上手に操ろう。(料300円 時受付は～19時)

京阪沿線ジオラマ
大阪城から京都の神社仏閣まで、京阪沿線のみどころいっぱいのジオラマを、HPゲージの鉄道模型が走行。

知的好奇心UP!

育つ力
- 洞察力
- 思考力
- 発想力
- 計画力

本物の電車に乗って リアルな運転体験！

KUZUHA MALLのイベントスペース「SANZEN-HIROBA」に京阪電車の実物車両を展示。3505号車・2600系・8000系の運転体験が人気で、ジオラマやヘッドマークなどの展示も見ることができる。2023年4月下旬には、実物車両をもう一台増やしてリニューアルオープン予定！

駅直結の商業施設内にあり、ファミリーで行きやすい

所要 1時間
適齢 3歳～

アクセス
交京阪樟葉駅からすぐ
駅内EV ○

☎072-866-3300(KUZUHA MALL)
住枚方市楠葉花園町10-85(KUZUHA MALL 南館ヒカリノモール1階) 料無料 時10～20時(土・日曜、祝日は～21時) 休無休 P3000台(有料)
MAP P190A3㊽

施設DATA

子ども用トイレ	○
おむつ替え	○
授乳室	○
ベビーカー利用	○
ベビーカー貸出	○
コインロッカー	○
館内飲食店	○
館内売店	×

※リニューアルのため、2023年1月4日～4月下旬まで休館予定

京都府
京都市●右京区

ジオラマ京都JAPAN《じおらまきょうとじゃぱん》

精巧なジオラマや、ブルートレインの実物車両など、みどころ満載！

Editor's Voice

リニューアルの詳細は、公式サイトでチェック!(KUZUHA MALL SANZEN-HIROBA)合わせてトロッコ列車に乗車したり、保津川下りに乗船するのもおすすめです。(ジオラマ京都JAPAN)

知的好奇心をくすぐる!
注目ポイント

天体ショー
10時30分・13時30分・15時30分に実施される天体ショーでは、幻想的な夜のジオラマと星座の解説が楽しめる。

機関車の運転体験

10数年前まで現役だったブルートレインEF66型の先頭車両で、リアルな運転体験をぜひ！（料15分1000円）

マスコンの操縦体験
本物の列車と同じマスコンで、700系・E7系の新幹線や、JR京都線の快速電車などの模型を操縦。（料5分200円）

SLの実物展示

駅のコンコース横にある19世紀ホールには、デゴイチをはじめ4両の蒸気機関車が展示され、間近で見学できる。

知的好奇心UP!
育つ力
想像力　計画力

京都の町並みを再現した巨大な鉄道ジオラマ

嵯峨野鉄道・トロッコ嵯峨駅の駅舎内にある、西日本最大級の鉄道ジオラマ館。鉄道好きにはたまらない運転体験はもちろん、京都の名所や寺社仏閣を精巧に再現したジオラマを見たり、天体ショーで星座の解説を聞くこともできる。乗り物をはじめ、幅広い分野への興味や関心が育まれるスポットだ。

駅舎内には鉄道グッズが豊富に揃うショップも併設

所要 1時間
適齢 3歳～

アクセス
交JR嵯峨嵐山駅からすぐ
駅内EV ○

☎075-871-3994
住京都市右京区嵯峨天龍寺車道町 料530円。小学生320円、未就学児無料（トロッコ列車乗車で割引あり。施設利用は要別途料金） 時9～17時 休不定休（公式サイトで要確認） Pなし
MAP P190A2㊾

施設DATA

子ども用トイレ	×
おむつ替え	○
授乳室	○
ベビーカー利用	○
ベビーカー貸出	×
コインロッカー	○
館内飲食店	○
館内売店	○

COLUMN

乗り物の達人に聞きました！

子どもの頃から乗り物に親しみ、今では時刻表の編集長を務める田代さん。乗り物の魅力やお仕事のことなどを教えてもらいました！

達人はこの人！

田代 浩一さん

たしろこういち●第18代JTB時刻表編集長。2001年株式会社JTBに入社後、るるぶ情報版国内ガイドブックの編集に長年携わり、るるぶのWEBサイトの制作運営を経て、2021年4月より現職。高校まで鹿児島で育ち、大学時代は広島で過ごす。ともに路面電車が走っており、街並みに溶け込む路面電車の風景を好む。またほかにも、廃線跡や終着駅、橋梁を走る列車の風景をこよなく愛する。

Q ズバリ！乗り物の魅力を教えて！

知恵と努力で**人間自らが作り上げたもの**だということ。誰かに会いたい、何かを見たいなど、人の好奇心が人間そのものを運んで、遠くまで行くことを可能にした、人間の科学力と探求心が乗り物には詰まっていてわくわくします。

Q 子どものころはどんな子でしたか？

当時、家の近くを走っていた路面電車を自転車で追いかけていました（交通マナーはちゃんと守りつつ）。緑と黄色のカラーリング車両がカッコよかったです。父親がアマチュアカメラマンだったので、よく桜島の写真を撮りに行くのにも付き合っていました。

Q 乗り物を好きになったきっかけは？

生まれ育った場所が九州地方の鹿児島で、街中に出るためのバスや路面電車、桜島に渡るフェリーなど、**普段の生活で乗り物に乗る機会が多くあった**ため、自然と好きになりました。大学時代も空港でアルバイトをするなど、乗り物の傍にいるのが好きです。

Q 乗り物の仕事でおもしろいと感じるのは？

今は時刻表の編集長をしていますが、やはり、日本中に張り巡らされている鉄道やバスなどあらゆる公共交通機関を身近に感じられることです。**まだ訪ねたことがない場所や以前訪問した場所を想像しながら仕事ができる**のはうれしいものです。

Q 乗り物の達人になるために頑張ったことは？

行ったことがないところに旅をすること。**乗り物を知るには、自分自身が体験することが一番**。お休みの日は、近場でもいいので、なるべく外出して、乗り物に乗るようにしています。その土地に行ってみなければ分からないことっていっぱいあります。

Q 乗り物を学べるスポットの魅力を教えて！

鉄道をテーマにしたスポットの場合、それぞれの鉄道会社の車両や走っている地域に合わせた展示物があるのが魅力です。**今は走っていない車両**や、線路を通すための**その路線ならではの歴史**がスポットごとに異なるので、見比べたりするのも楽しいですよ。

Q 乗り物の達人を目指す子どもたちへメッセージ

乗ることが好き、乗り物の走っている音が好き、写真を撮ることが好き、乗り物を好きになるきっかけはさまざまだと思います。その中で**共通して大事なことは、「体験する」こと**だと思います。マナーやルールを守り、機会を見つけて、乗り物に乗って、自分なりの「好き」を見つけてください。

Q 乗り物の仕事で大変なことは？

時刻表は、運行時間など正確な時間を掲載することが大事なので、**間違った情報を出さない**ように心がけています。全国の乗り物について多くの情報をしっかりと伝えていくこと、これが一番大変だと感じています。

JTB時刻表2022年10月号
（JTBパブリッシング）

Q 休日は何をして過ごしていますか？

テーマを決めて乗り物に乗った旅にでています。事前に週末は何をしようかと計画を立てて、鉄道なら日帰りでいける終着駅の旅、公共機関の本数が少ない山間へは、車で出かけて、乗り物の写真を撮っています。

Q 1番お気に入りの乗り物スポットは？

京都鉄道博物館（P108）です。西日本にある最大の鉄道博物館だけあって、実物車両の展示の数や運転シミュレータなどの体験施設も豊富。転車台を中心にSLが並んでいる屋外広場は必見です。

知的好奇心がすくすく育つ学びスポット

アート

アートの達人もオススメ！

アートに詳しい達人がとくにおすすめする施設には、達人コメントを入れているので要チェック！

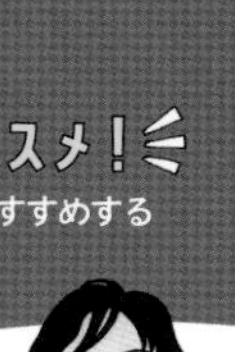

アートの達人

浦島茂世さん

うらしまもよ●美術ライター。美術や街、旅を中心に執筆。著書に『東京のちいさな美術館めぐり』（ジービー）『企画展だけじゃもったいない 日本の美術館めぐり』（ジービー）など。

COLUMN アートの達人に聞きました!…P140

太陽の塔の内部の「生命の樹」

教えて！瀧先生

アートが子どもの知的好奇心を育てる理由

アートは鑑賞するばかりではありません。子どもが親しむおもちゃや絵本など、生活にはアートが溢れています。幼少期からさまざまなアートを体験することは**五感を刺激**します。ものの形や色を見る力、感じる力が育まれ、日常でも「おもしろいな」と感じたり、「すてきだな」と美しさに感動できる気持ちが育まれ、**心が豊か**になるでしょう。**図画工作や美術の素地となる**だけでなく、**立体を見る力、数学的思考**にもつながります。

アートへの知的好奇心で育つ力　**想像力・発想力・洞察力**など

兵庫県

神戸市●中央区

竹中大工道具館《たけなかだいくどうぐかん》

知的好奇心UP!

育つ力

洞察力　想像力　計画力　語彙力

達人コメント

子どもを対象とした木工教室や、大工道具体験・かんな削りなど、ものづくりの興味が広がるワークショップが充実しています。

日本の伝統美と匠の技を堪能できるミュージアム

大工道具を通して、世界の広がりと豊かさを感じることができるミュージアム。7つのコーナーに分かれた展示は、大工道具の歴史や種類、仕組みなどについて知ることができる「歴史の旅へ」や「道具と手仕事」のコーナー、道具や手仕事の“美”を感じることができる「名工の輝き」、「和の伝統美」などのコーナーがあり、それぞれにここでしか見られない興味深い展示品が並ぶ。映像や音声ガイドシステムを駆使した展示や、実際に手でふれたり、木の香りを嗅ぐことができる展示など五感に響く展示も充実しており、日本の匠の技の奥深さを知ることができる。

施設DATA

子ども用トイレ	×
おむつ替え	○
授乳室	×
ベビーカー利用	×(本館のみ可)
ベビーカー貸出	×
コインロッカー	○
館内飲食店	×
館内売店	○

緑に囲まれた美しい建物自体もみどころのひとつ。写真はエントランスホール

所要 2時間

適齢 6歳～

アクセス

交 JR・地下鉄新神戸駅から徒歩3分

駅内EV ○

☎078-242-0216

住 神戸市中央区熊内町7-5-1 料 700円。大学・高校生・シニア(65歳以上)500円、中学生以下無料 時 9時30分～16時30分、最終入館は閉館30分前 休 月曜(祝日の場合は翌日) P 6台

MAP P191A4㊿

Editor's Voice

小さな子どもたちにとっては少し難しく感じるかもしれませんが、美しい展示物を眺めているだけでも素敵な時間が過ごせると思います。

知的好奇心をくすぐる！ 注目ポイント

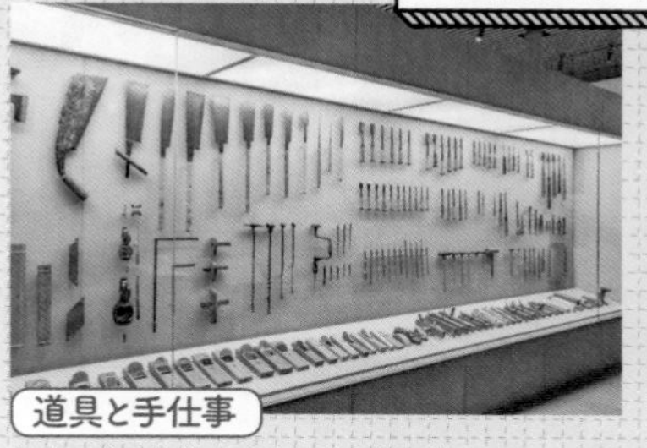

道具と手仕事

鑿(のみ)や鉋(かんな)など、世界的にもまれに見る多様性と独自性を誇る日本の大工道具の数々を紹介するコーナー。その用途や仕組み、実際の使い方などについても解説。

歴史の旅へ

木造建築の発達とともに進化し続けた日本の大工道具の歴史を、先史時代から近代まで、さまざまな資料や大型模型、映像資料などを通して知ることができる。

名工の輝き

優れた大工道具だけがもつ「用の美」の輝きを感じることができるコーナー展示。歴史に名を残す職人が作り上げたすばらしい大工道具の数々をじっくりと眺めることができる。

和の伝統美

手仕事で究極の美を生み出し続けた日本の匠の技。実物大の茶室模型を見ながら、その細部にわたる精緻な細工や、自然の素材で作り上げた土壁など世界に誇る日本の伝統美を実感できる。

木を生かす

ヒノキやアカマツなどさまざまな木がもつ特性について学べる。館内には7つのコーナー以外にも、映像ライブラリーで大工道具について深く知ることができるコーナーなどもある。

道具文化の深遠な世界へと引き込まれる「名工の輝き」のコーナー展示

中国やヨーロッパなど海外の大工道具の展示も！

ココならでは体験！

小さな子ども向けのツールも！

館内マップ、展示ガイド、ビンゴゲームなどがセットになった子ども向けのパンフレットを配布している。いろいろな大工道具を使ったミッションにも挑戦して、大工道具に対する理解を深めよう！

パンフレットは受付で配布している（対象は幼児〜小学校低学年）

兵庫県
神戸市●中央区

兵庫県立美術館《ひょうごけんりつびじゅつかん》

所要 3時間
適齢 6歳〜

アクセス
交 阪神岩屋駅から徒歩8分またはJR灘駅から徒歩10分
駅内EV ○

☎078-262-1011
住 神戸市中央区脇浜海岸通1-1-1 料 500円。大学生400円、高校生以下無料、シニア(70歳以上)250円※コレクション展のみ。特別展は展覧会により異なる 時 10〜18時、最終入館は閉館30分前 休 月曜(祝日の場合は翌平日)
P 80台(1時間400円)
MAP P191A4(51)

知的好奇心UP!

育つ力
洞察力　発想力

達人コメント
子ども向けの展覧会や鑑賞会が定期的に行われています。どのように鑑賞するか、親子で学べるのはとてもいい機会です！

西日本最大級の美術館で芸術作品を鑑賞

兵庫県ゆかりの作家による作品を中心に、国内外の彫刻作品など約1万点を所蔵する美術館。第1展示棟にある常設展示室で所蔵品を公開する「コレクション展」は、不定期で展示の入れ替えを行っている。目当ての作品がある場合は、事前に公式サイトで内容をチェックしよう。そのほか特別展やコンサートなども開催される。建物は、建築家・安藤忠雄氏による設計で、第1展示棟、第2展示棟、ギャラリー棟に分かれており、迷路のような構造になっている。同氏の建築作品や活動について模型展示などで紹介する「Ando Gallery」は、第2展示棟に位置。

施設DATA

子ども用トイレ	×
おむつ替え	○
授乳室	○
ベビーカー利用	○
ベビーカー貸出	○
コインロッカー	○
館内飲食店	○
館内売店	○

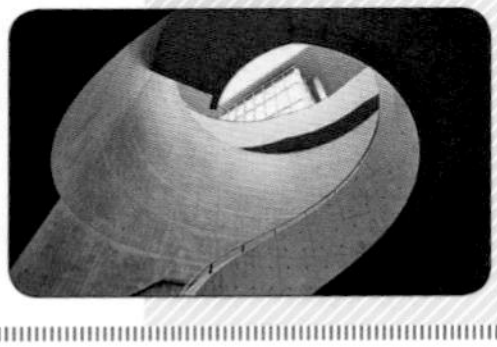
地下1階から2階をつなぐ「円形テラス」

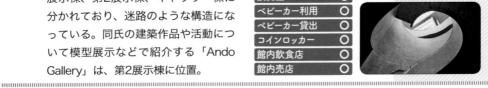

Editor's Voice

館内は階段が多く、複雑な構造で迷いやすいので、ベビーカーを利用する際は、エレベーターの場所を事前にチェックしておきましょう。

知的好奇心をくすぐる！ 注目ポイント

コレクション展

8部屋に分かれた常設展示室では、絵画はもちろん、彫刻作品や映像作品など、幅広いジャンルの所蔵作品を鑑賞できる。モダンな特集展示や小企画展も開催されるので、そちらもお見逃しなく。

青りんご

第2展示棟の3階屋外部分に設けられた「海のデッキ」に展示されている、安藤忠雄氏がデザインしたオブジェ。アメリカの詩人サミュエル・ウルマンによる『青春の詩』がモチーフ。

建物の南側には、高さ6ｍの少女のオブジェ「Sun Sister」が立つ

Ando Gallery

兵庫県と関わり深い安藤忠雄氏の建築作品や活動に関する資料を展示。建築模型やドローイングなどを通じ、制作過程にもふれられる。ギャラリートークが開催されることも。

小磯良平記念室

常設展示室の2階にあり、神戸出身の洋画家・小磯良平氏の作品約20点を常時展示している。華麗な色彩が、子どもの芸術心を刺激するはず。コレクション展会期中のみの開室。

美術情報センター

さまざまな芸術分野の図書、雑誌、図録などの資料を閲覧可能なほか、全国で開催される展覧会の情報もゲットできる。子ども用絵本が揃う「えほんコーナー」もぜひ利用して。

ココも嬉しい！ 立ち寄りスポット

作品にちなんだメニューも登場

カフェ《かふぇ》 フォルテシモ《ふぉるてしも》

美術鑑賞の合間に、コーヒーやケーキでほっと一息。特別展開催中などは、代表的な作品などをモチーフにした限定メニューも登場。天気のいい日はテラス席の利用がおすすめ。

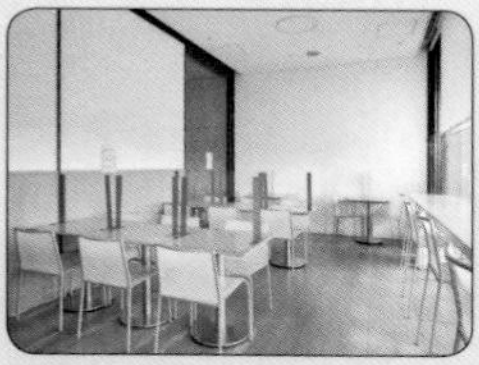

住 ギャラリー棟1階 円形テラス付近
時 10〜17時 休 施設に準ずる

点在する屋外展示も巡ろう！

兵庫県

丹波篠山市●小田中

篠山チルドレンズミュージアム《ささやまちるどれんずみゅーじあむ》

知的好奇心UP!

育つ力

想像力　発想力

コミュニケーション力　思いやり

達人コメント

世界の民族衣装などをさわったり着たりできる展示のほか、魚の手づかみや弓矢づくりなど、ワイルドなワークショップも充実。

里山の旧校舎を利用した体験型ミュージアム

丹波篠山の豊かな自然に囲まれた、旧木造校舎を利用した子どものためのミュージアム。子どもたちが前のめりで楽しめるアート作品の展示に加え、幼児がおもちゃで遊べるコーナーなどもあり、幅広い年齢層に対応している。不思議な遊具がいっぱいの元校庭を利用した芝生広場、園内にある「ごんた山」での昆虫採集や小川遊びなど、アクティブな楽しみも。さらに、人形劇団「クラルテ」による人形劇の上演、工作や料理教室のワークショップなど、体験メニューもバラエティー豊か。全身と五感を使いながらアートに親しめる、まさに子どものパラダイス！

所要 5時間

適齢 3歳〜

アクセス

交舞鶴若狭自動車道丹南篠山口ICから県道702号経由で約17km

☎079-554-6000

住丹波篠山市小田中572 料700円。中学・小学生500円、未就学〜2歳250円 時10〜17時、最終入館は閉館30分前 休月〜金曜(夏休み期間は水・木・金曜開館)※1〜2月は休館 P150台

MAP P187B2 52

施設DATA

子ども用トイレ	○
おむつ替え	○
授乳室	○
ベビーカー利用	○
ベビーカー貸出	○
コインロッカー	○
館内飲食店	○
館内売店	○

カラフルなエントランスを抜けると芝生広場が

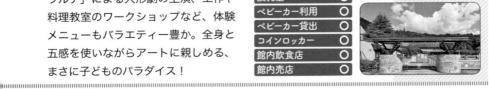

Editor's Voice

大自然の中思いっきり遊びながら自然な形でアートにふれることができる施設です。

知的好奇心をくすぐる！ 注目ポイント

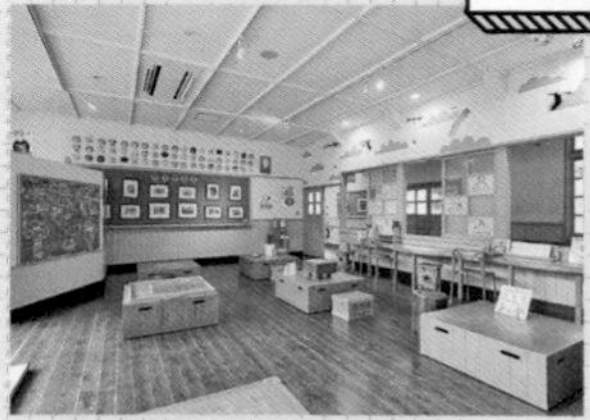

ちるみゅー城

部屋全体が篠山の木でできた大きなおもちゃ！ヒノキの香りの部屋で、幼児から小学校低学年までそれぞれのレベルに合わせて遊べるのがうれしい、シンボル的な空間。

子ども横丁

机や椅子などの細部にまで、楽しいアートが施された子どものための屋内遊技場。将棋やコマ、けん玉などおじいちゃんやおばあちゃんも懐かしい昭和のおもちゃがスタンバイ！

絵本の部屋

約6000冊の蔵書の中から、その時々で子どもたちに届けたい絵本を厳選して展示。誰でも自由に手に取ることができる。毎月ボランティアによる読み聞かせも行う。

くるくるグラフィティ

おもちゃのフィギュアが、回転寿司のようにくるくる回っている不思議な部屋。ぬりえや工作ができる「くるくるペーパー」は、なんと100種類も揃っている。

芝生広場は「しゃぼん玉ガーデン」や遊具自体がアートになった不思議な世界

レストランでは学校給食のような週替わりランチも！

ココも嬉しい！ 館内立ち寄りスポット

10円から買える駄菓子も

ミュージアムショップ ブー

みゅーじあむしょっぷ ぶー

絵本や手作りグッズ、芝生で遊べるおもちゃ、10円から買える駄菓子など多彩な品揃え。コンセプトは子どもたちがお買い物の練習ができるショップ。

🏢交流棟 時11～16時（早く閉店する場合あり）
休土・日曜、祝日のみオープン

ココならでは体験！

さまざまな体験プログラム

自然環境、食育、芸術、歴史文化などをテーマに、丹波篠山という地域の特色を活かしたプログラムを実施している。内容や実施スケジュールについては公式サイトで要確認。

薪をくべて料理を作る「かまど体験」

夏には近隣の小川で川の生きものを観察する体験なども実施

ジョアン・ミロの陶板壁画《無垢の笑い》が飾られる地下1階ロビー

大阪府
大阪市●北区

国立国際美術館《こくりつこくさいびじゅつかん》

所要 2時間
適齢 3歳～

アクセス
交 京阪渡辺橋駅から徒歩5分または地下鉄肥後橋駅から徒歩10分
駅内EV ○

☎06-6447-4680
住 大阪市北区中之島4-2-55 料 コレクション展430円。大学生130円、高校生以下無料 時 10～17時(金・土曜は～20時)、最終入館は閉館30分前 休 月曜(祝日の場合は翌日)、展示替期間に臨時休館あり P なし
MAP P189C2㊼

施設DATA

子ども用トイレ	×
おむつ替え	○
授乳室	○
ベビーカー利用	○
ベビーカー貸出	○
コインロッカー	○
館内飲食店	△(準備中)
館内売店	○

知的好奇心UP!

育つ力
想像力　発想力

達人コメント
子ども向けのアートな絵本を常設したキッズルーム・授乳室を設置。また子ども向けのプログラムも定期的に開催しています。

開放的な地下空間で現代美術にふれる

現代美術を中心にさまざまなアート作品を展示・発信。大阪の中心部・中之島にあってアーティスティックな建物が存在感たっぷり。完全地下型の美術館ながら広々とした開放的な空間が広がっている。子ども向けイベントなども随時行なっている。

入口へと続く幾何学的な金属オブジェが印象的

知的好奇心をくすぐる!
注目ポイント

展覧会
さまざまなテーマで特別展やコレクション展を開催している。スケジュールをチェックして足を運びたい(撮影：福永一夫)。

建築探訪
竹の生命力と現代美術の発展・成長をイメージした建物は、斬新で美しく、空間にいるだけで五感が刺激される。

ココならでは体験!

こどもびじゅつあー

対話による作品鑑賞を楽しむプログラム。鑑賞後に意見交換を行う。対象は小学1～4年生と保護者(料 参加無料、各回5組10名、要事前申込み・抽選)

子どもの美術館デビューにぴったり

大阪府
大阪市●北区

大阪中之島美術館《おおさかなかのしまびじゅつかん》

1・2階はガラス張り、3階以降は黒い外壁になっており、宙に浮いているようにも見える

Editor's Voice

0歳からを対象にした「ちっちゃなこどもびじゅつつあー」も実施しています。（国立国際美術館）

授乳室は2階に用意されています。利用の際は、チケットカウンターで声をかけましょう。（大阪中之島美術館）

知的好奇心をくすぐる!
注目ポイント

SHIP'S CAT (Muse)

大阪出身の現代美術作家・ヤノベケンジ氏による大型彫刻作品。2階芝生広場に設置され、"美術館の守り神"とよばれることも。

館内のパブリックアート

展示室外でも作品が見られる。2022年10月現在、バリー・フラナガンの彫刻作品「ボウラー」を1階に展示。

知的好奇心UP!
育つ力
洞察力
発想力

2022年2月開館の巨大美術館へ!

近現代美術を中心に、6000点以上の作品を所蔵。地上5階建ての建物は、近代的なデザインもみどころだ。展示室は4・5階にあり、1階にはカフェレストランやショップなども入る。アートに関する親子向けのワークショップや学習プログラムも開催。国立国際美術館（→P130）は徒歩すぐの場所に位置する。

2階にはのんびり休める芝生広場も備える

ココも嬉しい!
館内立ち寄りスポット

ゆったり 128席のカフェレストラン
ミュゼカラト《みゅぜからと》

芸術鑑賞後はぜいたくな時間を過ごそう。50食限定のスペシャルワンプレート遊園地(食後のプチデザート付き・2640円)が話題。
☎06-6940-7025 階1階
時11～21時 休無休

所要 3時間
適齢 6歳～

アクセス
交京阪渡辺橋駅から徒歩5分または地下鉄肥後橋駅から徒歩10分
駅内EV ○

☎06-6479-0550
住大阪市北区中之島4-3-1 料展覧会により異なる 時10～17時、最終入場は閉館30分前※展覧会により異なる場合あり 休月曜(祝日の場合は翌平日) P72台(15分200円)
MAP P189C2㊹

施設DATA

子ども用トイレ	○
おむつ替え	○
授乳室	○
ベビーカー利用	○
ベビーカー貸出	○
コインロッカー	○
館内飲食店	○
館内売店	○

大阪府
門真市●新橋町

海洋堂ホビーランド《かいようどうほびーらんど》

ティラノサウルスとトリケラトプスの実物大恐竜ヘッドは迫力満点

所要 2時間
適齢 3歳～

アクセス
交 京阪門真市駅からすぐ
駅内EV ○

☎06-4397-7100
住 門真市新橋町3-1-101イズミヤ門真店3階 料 1000円。高校・中学生700円、小学生500円、未就学児無料 時 11～17時(土・日曜、祝日は10～18時)、最終入館は閉館30分前 休 水曜(祝日の場合は開館) P なし
MAP P188D2(55)

知的好奇心をくすぐる!
注目ポイント

海洋堂の歴代作品
「創るモノは夜空にきらめく星の数ほど無限にある」の言葉のもと、世に送り出してきた海洋堂の歴代立体作品が並ぶ。

プラモデルの山
創業者で館長でもある宮脇修氏と息子の修一氏が60年前から収集するプラモデル約4万点のうち3000点を展示。

精巧なミニチュアの世界
俳優の故・今清水英一氏が集めたミニチュア作品を展示。各分野の職人に依頼して制作した神輿や船なども。

食玩ワールド
発売開始から3年間で1億2000万個を売り上げた「チョコエッグ日本の動物シリーズ」など約1100点を展示。

知的好奇心UP!
育つ力
- 洞察力
- 想像力
- 発想力

1万点以上の立体作品が語りかける

フィギュアの創作・販売を手がける「海洋堂」プロデュースのワンダーランド。海洋堂が60年にも渡り集めてきたフィギュアやプラモデルなどのコレクションをはじめ、実物大の恐竜ヘッド、職人が作った精巧なミニチュアなど興味深い立体作品を1万点以上展示。ワークショップもある。

ショッピングセンター・イズミヤの3階にある

施設DATA

子ども用トイレ	×
おむつ替え	○
授乳室	×
ベビーカー利用	○
ベビーカー貸出	×
コインロッカー	×
館内飲食店	×
館内売店	○

Editor's Voice

ホビーランドの入口にある「ショップ」や「フィギュア大行進」のエリアは入場無料です。（海洋堂ホビーランド）

とにかく見た目のインパクトがすごい！子どもたちもきっと大きな刺激を受けるはず。（太陽の塔）

背面もあわせて3つの顔をもつ太陽の塔。それぞれ過去・現在・未来を表している

大阪府
吹田市●千里万博公園

太陽の塔《たいようのとう》

所要 1時間
適齢 3歳〜

アクセス
交大阪モノレール万博記念公園駅から徒歩10分
駅内EV ○

☎0120-197-089
住吹田市千里万博公園 料720円。中学・小学生310円、未就学児童無料※別途万博記念公園の入園料（260円、中学・小学生80円）が必要 時10〜17時、最終入館は閉館30分前 ※入館は前日までに公式サイトから予約可能（予約優先） 休万博記念公園に準ずる P万博記念公園中央駐車場利用、有料971台

MAP P189C1 56

知的好奇心をくすぐる! 注目ポイント

生命の樹

太陽の塔の内部には「生命のエネルギー」をテーマに、岡本太郎氏が構想した高さ約41mの巨大造形「生命の樹」がある。

“いのち”の歴史

生命の樹には、単細胞生物からクロマニョン人まで生物進化をたどる33種もの“いきもの”が貼りついている。

地底の太陽

大阪万博当時は地下展示にあったが、閉幕後に行方不明になっていたものを、当時の資料をもとに復元。

太陽の塔を知るさまざまな展示物

太陽の塔の制作についてや、一般公開に至るまでの過程などを知ることができる展示も。

知的好奇心UP!

育つ力

- 洞察力
- 想像力
- 発想力
- コミュニケーション力

世界にも類を見ない独創的なインスタレーション

万博記念公園に立つ高さ約70mの太陽の塔は、それ自体がアートであり、大阪のシンボルともいえる存在。1970年の大阪万博時にパビリオンの一部として利用された塔内部は、その後扉を閉ざしていたが、再生・修復を経て、2018年に一般公開。階段を上りながら鑑賞できるようになった。

広さ約260haの万博記念公園は、ほかにもみどころがいっぱい！

施設DATA

子ども用トイレ	×
おむつ替え	○
授乳室	×
ベビーカー利用	×
ベビーカー貸出	×
コインロッカー	×
館内飲食店	×
館内売店	○

兵庫県
神戸市●灘区

ROKKO森の音ミュージアム《ろっこうもりのねみゅーじあむ》

風で木々が揺れる森の音に耳をすませて、ぜいたくな時間を過ごそう

所要 3時間
適齢 6歳〜

アクセス
交 六甲ケーブル六甲山上駅からバスで8分、バス停ミュージアム前下車、徒歩3分

駅内EV ○

☎078-891-1284
住 神戸市灘区六甲山町北六甲4512-145 料 1300円。小学生〜4歳600円 時 10〜17時、最終入館は閉館30分前 休 木曜(祝日および一部期間は営業の場合あり) P 100台(1日500円。土・日曜、祝日は1日1000円)

MAP P191A3 ㊼

施設DATA

子ども用トイレ	×
おむつ替え	○
授乳室	○
ベビーカー利用	△※1
ベビーカー貸出	×
コインロッカー	×※2
館内飲食店	○
館内売店	○

知的好奇心をくすぐる!
注目ポイント

演奏家のいないコンサート

1時間ごとに自動演奏楽器による演奏会を上演している(見学無料)。スタッフによるわかりやすい解説も。

SIKIガーデン〜音の散策路〜

六甲山の自然が奏でる音を聞きながら野外展示を鑑賞。写真の「音のベンチ」は座ると自動で音楽が流れる。

展示室

金属の筒が回るシリンダー・オルゴールから、蓄音機までの歴史に関する資料や実物を展示。

ココならでは体験!

オルゴール組立体験

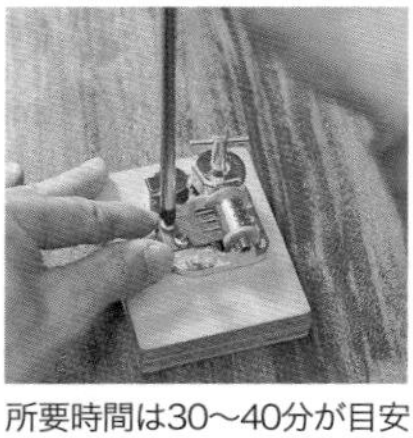
所要時間は30〜40分が目安で曲も選べる

世界にひとつだけのオリジナルオルゴールを作ろう。(料一般コース2300円〜、上級コース3500円〜。※要予約)

知的好奇心UP!
育つ力
発想力
コミュニケーション力

緑あふれる六甲山で美しい"音"にふれる

オルゴールを中心にさまざまな自動演奏楽器を展示する博物館で、2021年7月にリニューアル。3階の展示室では、自動演奏楽器の歴史を詳しく学べる。自然に囲まれた「SIKIガーデン〜音の散策路〜」には、好奇心をくすぐる仕掛けつきの野外展示があるほか、ハンモックやウッドデッキなども設置されている。

おとぎ話に登場しそうなヨーロッパ風の建物

※1「SIKIガーデン〜音の散策路〜」内の一部に、ベビーカーで通れない通路あり
※2 入口受付で荷物預かりサービスあり

京都府
京都市●東山区

漢字ミュージアム《かんじみゅーじあむ》

『大漢和辞典』に採録された約5万字もの巨大な漢字タワーは必見

知的好奇心UP!

育つ力

思考力　語彙力

達人コメント

漢字をテーマにした日本初のミュージアム。いろいろな体験を通して漢字のなりたちなどを楽しく学べます。漢字5万字タワーは圧巻！

さまざまな体験で漢字の楽しさ再発見

体験型の展示を通して、楽しみながら漢字を学べる。漢字にまつわるクイズやゲームなど、子どもの興味を引き出す工夫が随所にあり、ワークショップも好評だ。京都・清水寺で毎年発表される「今年の漢字®」の大書展示や「漢字5万字タワー」など、大人もみごたえあり！

12月22日より2022年「今年の漢字」を展示(写真は2021年「金」)

知的好奇心をくすぐる!
注目ポイント

漢字回転すし

子どもたちになじみのある回転すしをモチーフに、ネタになっている魚の漢字クイズに挑戦してみよう！

部首タッチパネルかるた

かるたのように散らばったカードを、お題に出てきた部首と組み合わせて、正しい漢字を完成できるかな？

万葉仮名で名前をつくろう

入館時に配布される体験シートに、万葉仮名スタンプで自分の名前を押したり甲骨文字占いをしたりできる。

ココも嬉しい！
館内立ち寄りスポット

山鉾《やまぼこ》の展示も！
ミュージアムショップ
みゅーじあむしょっぷ

四字熟語トランプ(1100円)などオリジナルグッズを販売。店内には実物大の山鉾も展示。

☎075-533-9696 営10時～18時30分 休月曜(祝日の場合は翌平日)

所要 1時間30分
適齢 6歳～

アクセス
交京阪祇園四条駅から徒歩5分
駅内EV ○

☎075-757-8686
住京都市東山区祇園町南側551 料800円。大学・高校生500円、中学・小学生300円(高校・中学・小学生1名につき大人2名まで300円引き) 時11～17時(土・日曜、祝日は9時30分～)、最終入館は閉館30分前 休月・火曜(祝日の場合は翌平日)、ほか臨時休あり Pなし
MAP P190B2 58

施設DATA

子ども用トイレ	×
おむつ替え	○
授乳室	○
ベビーカー利用	○
ベビーカー貸出	×
コインロッカー(有料)	○
館内飲食店	○
館内売店	○

Editor's Voice

「SIKIガーデン～音の散策路～」には、ブランコなどの遊具があるキッズスペースも。(ROKKO森の音ミュージアム)

かた苦しく学ぶのではなく、楽しく体験することで自然と漢字への興味がわきます。(漢字ミュージアム)

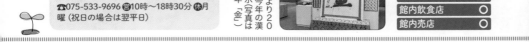

室生山上公園芸術の森《むろうさんじょうこうえんげいじゅつのもり》

山奥にひっそりと佇むアートな公園。階段や橋など子どもが近づきたくなる作品もある

知的好奇心UP!

育っ力

洞察力　想像力　発想力

達人コメント

ダニ・カラヴァンがデザイン監修をおこなった、敷地全体が彫刻作品となっている公園。のどかな環境で現代美術を体感できます。

知的好奇心をくすぐる!

注目ポイント

螺旋の水路

一本のキンモクセイから渦巻き状に水が流れる。浅い水路なので、葉っぱを流して早さを競う遊びが楽しめる。

螺旋の竹林

直径約17m・深さ4mの竹林を回りながら地下へもぐっていくと、トンネルにつながり地上へと舞い戻る。

遊歩道

木質チップなど柔らかい素材で舗装された遊歩道。小さい子どもでも安全に園内を散策しながら鑑賞できる。

棚田

山水を利用した棚田には、水中生物や水中植物などが生息しており、自然観察を楽しむことができる。

豊かな自然の中で現代アートにふれる

室生出身の彫刻家・井上武吉《いのうえ ぶきち》の構想を引き継ぎ、ダニ・カラヴァン氏が制作した彫刻が点在する。園内には棚田や森など、昔懐かしい日本の原風景が広がり、耳をすませば水の音・風の音・虫の音が聞こえてくる。自然と調和した彫刻にふれあうことで、五感を刺激することができる。

白を基調とした施設内は休憩所として利用可能

所要 2時間
適齢 2歳～

アクセス
交 名阪国道針ICから県道28号経由で約16km

☎0745-93-4730

住 宇陀市室生181 料 410円。高校生200円、中学生以下無料 時 10～17時(3・11・12月は～16時)、最終入園は閉園30分前 休 火曜(祝日の場合は翌日)、ほかに臨時休あり P 北駐車場53台、南駐車場50台※南駐車場は土・日曜、祝日のみ利用可

MAP P186D3 59

施設DATA

子ども用トイレ	×
おむつ替え	○
授乳室	×
ベビーカー利用	○
ベビーカー貸出	×
コインロッカー	×
園内飲食店	×
園内売店	×

Editor's Voice

園内はお弁当の持ち込みOKなので、のんびりとピクニックを楽しむのもおすすめ。（室生山上公園芸術の森）

信楽高原鐵道信楽駅からコミュニティバスの利用もできますが、本数が少ないので事前にリサーチを。（滋賀県立陶芸の森）

「陶芸館」からさらにのぼると、インパクト抜群の巨大な展示作品が並ぶ広場が

滋賀県
甲賀市●信楽町

滋賀県立陶芸の森《しがけんりつとうげいのもり》

所要 3時間
適齢 3歳～

アクセス
交 新名神高速道路信楽ICから国道307号経由で約5km

☎0748-83-0909
住 甲賀市信楽町勅旨2188-7 料 無料（陶芸館は有料※展覧会により異なる） 時 9時30分～17時※陶芸館・甲賀市立信楽産業展示館の最終入館は閉館30分前 休 月曜（祝日の場合は翌日）※陶芸館は12月中旬～3月上旬まで冬季休館あり P 250台
MAP P186D2 60

知的好奇心をくすぐる!
注目ポイント

甲賀市立信楽産業展示館

信楽焼製品の展示やイベントの開催のほか、信楽焼の販売も。タヌキの置物や食器などはみやげにぴったり。

陶芸館

館内では年に3回、陶芸にまつわる展覧会を開催。山手にあり、周辺にはパンダなどの作品展示も見られる。

つちっこプログラム

春・秋と夏休み限定で、ランプシェードやお皿などの陶芸体験ができる。予約や詳細は公式サイトを要確認。

知的好奇心UP!

育つ力
- 想像力
- 発想力
- 洞察力

やきものの里で陶芸と自然を体感

やきものの町・信楽にある緑豊かな公園で、気軽に陶芸について学ぶことができる。園内には作家による陶芸作品が屋外展示されているほか、休憩できる広場が多く、陶器のベンチや椅子も点在しているのでピクニック感覚で訪れるのもおすすめ。陶芸体験ができるイベントも見逃せない。

登り窯や穴窯の見学や利用も可能（要確認）

ココも嬉しい!
館内立ち寄りスポット

信楽焼の羽釜で炊いたおむすびが人気
山とおむすび 銀月舎《やまとおむすび ぎんげつしゃ》

銀月舎のお肉の定食（1480円）など、絶品ご飯が味わえる定食は必食。

住 甲賀市立信楽産業展示館内
時 11～17時 休 月曜（祝日の場合は翌日）

施設DATA

子ども用トイレ	×
おむつ替え	○
授乳室	△（要問合せ）
ベビーカー利用	○
ベビーカー貸出	△※1
コインロッカー	○
園内飲食店	○
園内売店	○

※1 陶芸館のみベビーカー貸し出しサービスあり

滋賀県

大津市●瀬田南

滋賀県立美術館《しがけんりつびじゅつかん》

4年間の休館を経て「リビングルームのような美術館」を目指して生まれ変わった

知的好奇心UP!

育つ力

洞察力　思考力

想像力　発想力

達人コメント

琵琶湖岸の漂流物で作品を作るなど土地に根付いたワークショップのほか「とことこマップ」といった子どものためのガイドも充実。

ワークショップやキッズスペースも充実

びわこ文化公園内にある美術館は2021年6月にリニューアルオープン。多様な作品はもちろんのこと、飲食が可能なエントランス、キッズスペースやショップ&カフェなどが備わり気軽に立ち寄れる空間に。豊富な体験メニューで子どもをアートの世界へ誘う。

案内表示は信楽焼製。中庭には常設展示のアート作品

知的好奇心をくすぐる!

注目ポイント

開かれた展示室

ぐずった赤ちゃんに配慮して「ご理解ください」とほかの来館者に静かに伝えてくれるスタッフがいる素敵な空間。

たいけんびじゅつかん

美術に興味がわいたら、ワークショップ「アートにどぼん!」で、アートなものづくり体験をしよう。(抽選制)

ココも嬉しい!

館内立ち寄りスポット

充実のアイテムが揃う

カフェ&ショップ《かふぇあんどしょっぷ》

美術や滋賀県にゆかりのあるアイテムが約370点。おみやげ選びには困らない。中央カウンターでは、軽食なども購入することができる。

㊎入り口入ってすぐ右

㊋㊡施設に準ずる

所要 3時間

適齢 1歳～

アクセス

㊦JR瀬田駅からバスで10分、バス停県立図書館・美術館前下車、徒歩5分

駅内EV ○

☎077-543-2111

㊟大津市瀬田南大萱町1740-1 ㊗常設展540円。大学・高校生320円、中学生以下無料　※企画展は内容により異なる(常設展料金含む) ㊋9時30分～17時、最終入館は閉館30分前 ㊡月曜(祝日の場合は翌日) Ⓟ340台

MAP P190C2 61

施設DATA

子ども用トイレ	○
おむつ替え	○
授乳室	○
ベビーカー利用	○
ベビーカー貸出	○
コインロッカー	○
館内飲食店	○
館内売店	○

写真提供：滋賀県立美術館(たいけんびじゅつかん)

京都府
京都市●左京区

ガーデンミュージアム比叡《がーでんみゅーじあむひえい》

モネの世界をイメージした「睡蓮の庭」

Editor's Voice

企画展ごとに替わる上菓子（カフェ）もお見逃しなく。（滋賀県立美術館）

比叡山ドライブウェイを利用して車で来園し、周辺観光も楽しみましょう。（ガーデンミュージアム比叡）

知的好奇心をくすぐる!
注目ポイント

藤の丘

春は藤やハナビシソウ、夏はクレオメ、秋はコスモスなど、季節の花の移ろいとともにモネやルノワールの作品も楽しめる。

花の庭

花のアーチの両側には、バラやダリアなど色鮮やかな花が見られる。近くにはおみやげにぴったりのショップも。

知的好奇心UP!

育つ力

想像力
発想力
洞察力

美しい庭園×アートの融合を楽しむ

比叡山頂に立つ、色とりどりの季節の花が咲き乱れる庭園。園内には印象派の陶板絵画が点在しており、モネやルノワールなどの作品をイメージした美しい庭園を散策しているだけで、アートの世界に入り込んだような不思議な感覚に。冬季期間は閉園しているので、確認を忘れずに。

園内には全部で45もの陶板絵画が飾られている

所要 1時間
適齢 4歳～

アクセス
交 叡電八瀬比叡山口駅から叡山ケーブル・ロープウェイを乗り継ぎ、比叡山頂駅下車すぐ

駅内EV ×

☎075-707-7733

住 京都市左京区修学院尺羅ヶ谷四明ヶ嶽4（比叡山頂） 料 1200円。小学生600円※11月下旬～12月上旬（要確認）は600円、小学生300円 時 10時～17時30分（11月1日～12月4日は～17時）、最終入園は閉園30分前 休 木曜（営業の場合あり）、冬季休業あり（公式サイト参照） P 230台（別途ドライブウェイ通行料金が必要）

MAP P190B1 62

施設DATA

子ども用トイレ	×
おむつ替え	○
授乳室	○
ベビーカー利用	○
ベビーカー貸出	○
コインロッカー	○
園内飲食店	○
園内売店	○

ココも嬉しい!
園内立ち寄りスポット

絶景の中でリフレッシュタイム
Cafè de Paris《かふぇ どぱり》

展望塔に隣接するカフェ。ケーキセット（800円）のほか、ハンバーグなどの食事メニューも充実。テラス席もあるので、庭園の奥に広がる比叡山のパノラマビューも楽しもう。

時 10時30分～16時 休 施設に準ずる♪♪

COLUMN

アートの達人に聞きました！

子どもの頃から美術館へよく通い、今でも美術館の訪問が日課という浦島さん。アートの魅力やお仕事のことなどを教えてもらいました！

達人はこの人！

浦島茂世さん

うらしまもよ●美術ライター。大学では美学美術史を専攻。1920 年代の西洋美術・工芸について学び、博物館学芸員免許も取得する。現在は雑誌や Web での執筆のほか、情報サイト AllAbout の美術館ガイドなど幅広く活躍中。著書に『東京のちいさな美術館めぐり』（ジービー）、『企画展だけじゃもったいない 日本の美術館めぐり』（ジービー）など。美術講座講師なども務める。

Q ズバリ！アートの魅力を教えて！

突然、心が揺さぶられるような感覚に陥るところです。アートとは「美しいもの」と誤解されがちですが、心を強く揺さぶってくるものはグロテスクな見た目をしていたりもします。そんな見た目でも、心を掴まれると愛おしく見えちゃいます。

Q 子どものころはどんな子でしたか？

音楽が好きで、ピアノばかり弾いていました。ファミコンなどで作曲ができるゲームが出るたびに買ってもらっていた気がします。子どものころから月に1～2回は美術館に通っていたものの、高校3年くらいまで「美術が好きだ」と意識したことはありませんでした。

Q アート好きになったきっかけは？

母親が美術好きで、近所の美術館にジャンルを問わず連れていかれたこと。母親は、子どもである私のためではなく、自分が見たいものだけを見ていました。母親にも夢中になるものがあるんだな、ということを幼いながらも理解することができたのはよかったなと感じています。

Q アートの仕事でおもしろいと感じるのは？

普通に生活していると出会えないような価値観の人や、その価値観で作られた作品に対峙したとき、強くおもしろいと感じます。展覧会にひとつはそんな作品があるので、毎日おもしろいと感じて生活しています。アートは刺激が強いので、疲れたときは家で寝ています。

Q アートの達人になるために頑張ったことは？

時間があれば美術館やギャラリーに通っていました。ただ見るだけじゃなくて、**見たときの言葉にならない感情を言葉にしておく訓練**も続けました(単に日記を書いてるだけですが)。美術関係の仕事は、ライターだけでなくアーティストも抽象的な思考を言葉で説明する能力が求められていると思います。

Q 子どもに紹介したいアートは？

国立国際美術館(P130)にある須田悦弘《よしひろ》の《チューリップ》という彫刻作品です。意外な場所に展示されているのですが、素材はなにか？　どうしてこの場所にあるのか？　自分はどのように感じたかなど、シンプルながらもたっぷり親子で語り合える作品です。

Q アートの達人を目指す子どもたちへメッセージ

好き嫌いせず、いろいろな作品を見て体験して、ときには自分で作ってみてください。美術館やギャラリーで気に入ったものがあったら「自分はこの作品のどこが好きなんだろう」と考えてみることも大切です。**目だけでなく、頭と心も一緒に動かしましょう。**

Q アートの仕事で大変なことは？

常識から外れたところで生まれる作品や、常識にとらわれないアーティストが多いので、**「常識とはなにか」「普通とはなにか」を常に意識**しています。近年は、作品を発表する場所の歴史的背景を踏まえたものも多いので、世界史、日本史、地理を勉強しなおしています。

Q お気に入りのアートスポットは？

室生山上公園芸術の森(P136)です。奈良県出身の彫刻家、井上武吉が思い描いていた「山の上のモニュメント構想」を、彫刻家ダニ・カラヴァンの手で実現させたもの。モダンな造形物と棚田や森が共存する、少し不思議で、そして壮大な空間はずっといたくなる場所です。

知的好奇心がすくすく育つ学びスポット

絵本・アニメ

絵本の達人もオススメ！

絵本に詳しい達人がとくにおすすめする施設には、**達人コメント**を入れているので要チェック！

絵本の達人

土居安子さん

どいやすこ●読書活動や日本児童文学史の研究を行うと同時に、国内外の児童文学作家の講演会等も実施。共編著書に『子どもの本100問100答』（創元社、2013年刊）など。

COLUMN 絵本の達人に聞きました！…P150

©手塚プロダクション

こども本の森 神戸の
壁一面に並べられた本たち

教えて！瀧先生

絵本・アニメが子どもの知的好奇心を育てる理由

脳医学の見地では、乳幼児期の親子の読書時間（読み聞かせ）は、**愛着形成が築かれ、子どもは安心して外の世界へと知的好奇心を伸ばせるようになります。**絵本やアニメは、自分の知らない世界をたくさん教えてくれます。自分で文字が読めるようになると、さらに世界観が広がっていきますね。**語彙力**も身につき、国語の勉強に活かせるだけでなく、**コミュニケーション力**としても寄与するでしょう。

絵本・アニメへの知的好奇心で育つ力

思いやり・コミュニケーション力・語彙力・想像力など

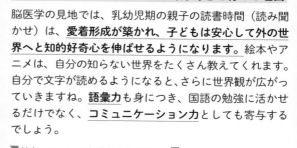

大阪府
大阪市●北区

こども本の森 中之島《こどもほんのもりなかのしま》

赤ちゃんも大歓迎！
親子で楽しむ、本の森

大阪市の中心部・中之島公園に2020年7月にオープンした文化施設。水辺にある公園内でひときわ目を引くスタイリッシュな建物は、建築家の安藤忠雄氏の設計・寄贈によるもの。「子どもたちに豊かな感性を育んでほしい」との思いが込められた館内は、3フロアで構成。全フロア分の壁すべてが本棚になっていて、蔵書数は約2万冊と圧巻だ。赤ちゃんが楽しめる絵本から大人向けの本まで、多彩なジャンルを誇る本の森は、訪れるたびに新しい発見がいっぱい。子どもの感性を大切にしながら、大人も一緒にワクワクを体感することができる。

知的好奇心UP!

育つ力

- 思考力
- 想像力
- 発想力
- 語彙力

施設DATA

子ども用トイレ	○
おむつ替え	○
授乳室	○
ベビーカー利用	○
ベビーカー貸出	×
コインロッカー	×
館内飲食店	×
館内売店	○

洗練されたコンクリート打ちっぱなしの外観

所要 1時間
適齢 0歳〜

アクセス
交京阪なにわ橋駅から徒歩すぐ
駅内EV ○

☎06-6204-0808
住大阪市北区中之島1丁目1-28（中之島公園内） 料無料 時9時30分〜17時※入館は事前予約制 休月曜（祝日の場合は翌日） Pなし
MAP P189C2 63

Editor's Voice

オブジェにちなんだ「青リンゴアメ」は、「パインアメ」で親しまれる大阪創業のパイン株式会社とのコラボで誕生。

知的好奇心をくすぐる！注目ポイント

壁面全部が本棚

驚くのは、壁一面に並べられた本の多さ！絵本や児童書を中心に、全面が本棚で囲まれた三層吹き抜けの空間が迎えてくれる。並ぶ書籍は実に多彩だ。

©伊東俊介

中央の大階段

2階から3階へ、温かみのある大階段はまるで大きな木の根っこのよう。階段に腰かけて本を広げれば物語の中へ誘われる。読み聞かせなどのイベント時には、クッションを敷いて観客席に。

本の多さが圧巻！壁全面が本棚で囲まれた三層吹き抜けの空間

「青いりんご」

入り口のテラスでひときわ目を引くオブジェは、米国の詩人サムエル・ウルマンの「青春」をモチーフに、そのメッセージに共感した安藤氏自身がデザインしたもの。

独自の12テーマで展示

テーマは「1自然とあそぼう」から「12 こどもの近くにいる人へ」まで。表紙が見えるように並べられた「面出し」で楽しく本選びができる。

穴倉のようなスペース

階段裏にある、少し奥まったスペースはまるで屋根裏部屋のよう。ズラリと並ぶ引き出しの中にも、本が収納されており、引き出しを開けるたびに発見がある。

「本のかけら」

1階の奥、コンクリートに囲まれた不思議な円筒の空間は休憩室。子どもたちが大好きな4つの物語の一部を上映している（毎時4回）。静寂に包まれた壁にほんのりと映し出され、子どもたちを物語の世界へと誘う。

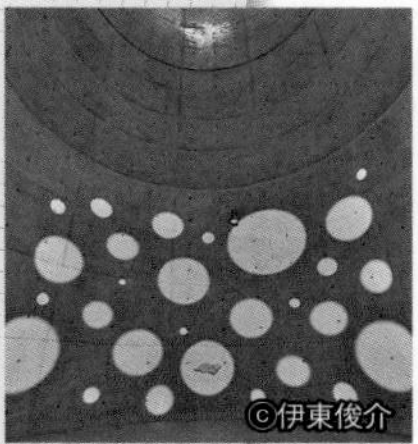

©伊東俊介

「言葉の彫刻」

本棚の前に浮かぶように掲出された大きな立体文字は、さまざまな本の中から「まだ出合っていない物語を読むきっかけに」と印象的な短文を抜き出したもの。

ココも嬉しい！ 館内立ち寄りスポット

オリジナルグッズも豊富！ 本の森ショップ《ほんのもりしょっぷ》

文房具からお菓子、生活雑貨までかわいくてオシャレなアイテムが並ぶ。大阪の企業とコラボグッズも多数揃う。窓越しの光に癒やされながら、お買い物を楽しんで。

入り口左 時休施設に準ずる

一番人気は青リンゴアメ

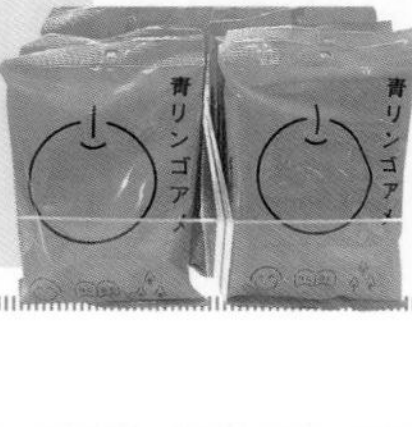

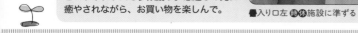

兵庫県
宝塚市●武庫川町

宝塚市立手塚治虫記念館《たからづかしりつてづかおさむきねんかん》

建物前には、手塚治虫の代表作『火の鳥』をモチーフとした「宝塚市平和モニュメント」が立つ

知的好奇心をくすぐる!
注目ポイント

手塚治虫年表

名作『火の鳥(未来編)』に登場する生命維持装置を模したカプセルに、作者ゆかりの品々や資料を展示。

アトムビジョン映像ホール

記念館オリジナルのアニメ作品を月替わりで上映。全面に手塚キャラクターが描かれている天井も必見！

情報・アニメ検索機

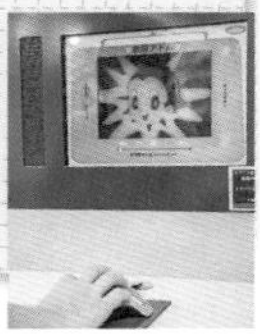

手塚作品についての情報を調べられるほか、クイズやゲームで遊べる。多数の手塚アニメも視聴可能。

ココならでは体験！
アニメ工房

地下1階の「アニメ工房」では、コンピューターや、制作現場で使用される実際に動画用紙を使って、簡単なアニメを制作できる。詳細は公式サイトを要確認。

正面の手塚治虫像には楽しい仕掛けが!

知的好奇心UP!

育つ力

想像力 / コミュニケーション力 / 思いやり / 語彙力

達人コメント

常設展示で手塚氏について知り、アニメを見て、企画展示もあって、アニメ制作を体験して、グッズ購入も！一日たっぷりどうぞ。

手塚治虫作品の世界を見て・ふれて体感しよう

宝塚市にゆかりの深い、日本マンガ界の巨匠・手塚治虫氏の記念館。手塚作品の世界を再現した館内では、豊富な資料などを通じて、作品や自身の生涯について学ぶことができる。ここだけのオリジナルアニメの視聴や、アニメの制作体験も楽しめる。

限定グッズが手に入る「ミュージアムショップ」もある

所要 3時間
適齢 6歳～

アクセス
交JR・阪急宝塚駅から徒歩10分
駅内EV ○

☎0797-81-2970
住宝塚市武庫川町7-65 料700円。高校・中学生300円、小学生100円 時9時30分～17時、最終入館は閉館30分前 休水曜(祝日、春・夏休み期間は開館) Pなし
MAP P191B3 64

施設DATA

子ども用トイレ	×
おむつ替え	○
授乳室	×
ベビーカー利用	○
ベビーカー貸出	×
コインロッカー	×
館内飲食店	×
館内売店	○

兵庫県
神戸市●中央区

こども本の森 神戸《こどもほんのもりこうべ》

館内には安藤忠雄氏デザインのオブジェ「青いりんご」を展示

Editor's Voice

手塚マンガが読める2階の「手塚治虫ライブラリー」には、キッズコーナーもあります。（宝塚市立手塚治虫記念館）

授乳室は2階にあり、調乳ポットやシンクなどうれしい設備が揃っています。（こども本の森 神戸）

知的好奇心をくすぐる!

注目ポイント

本の森

生き物や芸術など、15のテーマごとにエリアが分かれている。表紙を見せる展示で、子どもの興味を駆り立てる。

休憩室

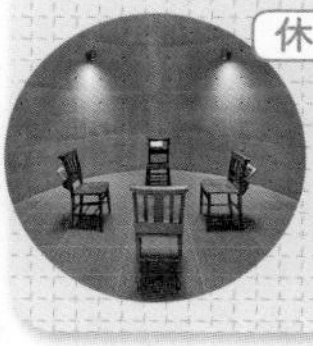

教会のような荘厳な雰囲気。チャーチチェアの背面には、静かに読んでほしい本を選書し、収納している。

ココならでは体験！

読み聞かせや音楽会を開催

大階段前のスペースでは月に3〜4回、スタッフや絵本作家による読み聞かせ、季節ごとの音楽会など、子どもの感性を刺激するさまざまなイベントを開催。

絵本作家tupera tupera氏による絵本ライブの様子

知的好奇心UP!

育つ力

想像力　コミュニケーション力　思いやり　語彙力

“自分だけの一冊”に出合える本の森へ

都市公園・東遊園地内にある、子どものための文化施設。絵本はもちろん、図鑑や国内外の文学、画集など、およそ1万8000冊もの本を読むことができる。貸し出しはないが、ウッドデッキや公園への持ち出しは可能。建物は建築家・安藤忠雄氏による設計で、ユニークな構造も魅力。

安藤忠雄氏をはじめ、多くの人々の寄付により開館

所要 1時間30分

適齢 0歳〜

アクセス

交 地下鉄三宮花時計前駅から徒歩6分またはJR三ノ宮駅、阪神神戸三宮駅から各徒歩13分

駅内EV ○

☎078-325-1125

住 神戸市中央区加納町6-1-1 料 無料 時 9時30分〜17時※入館は事前予約制。詳細は公式サイト参照

休 月曜（祝日の場合は翌平日） P なし

MAP P191A4 65

施設DATA

子ども用トイレ	○
おむつ替え	○
授乳室	○
ベビーカー利用	○
ベビーカー貸出	×
コインロッカー	×
館内飲食店	×
館内売店	○

京都府
京都市●中京区

京都国際マンガミュージアム《きょうとこくさいまんがみゅーじあむ》

メインギャラリー常設展示「マンガって何？」では、マンガに関する素朴な疑問に答えてくれる

知的好奇心UP!

育つ力

洞察力　思考力　想像力　思いやり

達人コメント
古い小学校の匂いをかぎながら、壁面いっぱいのマンガを堪能してください。展示で歴史もわかり、特別展示も充実しています。

世界に向けて発信！日本が誇るマンガ文化

昭和初期に建造された元小学校の校舎を活用した施設で、マンガ単行本5万冊が並ぶマンガの一大聖地。館内はメインギャラリーなどさまざまなコーナーに分かれておりみごたえ充分。好きなマンガを読みながら丸一日過ごしたり、途中カフェで休憩したりと思い思いの過ごし方ができる。

烏丸通りに面した昭和レトロなたたずまいの建物

知的好奇心をくすぐる!

注目ポイント

©手塚プロダクション

火の鳥のオブジェ
2階吹き抜けの空間には、手塚治虫作の名作『火の鳥』をモチーフにした巨大オブジェが飾られている。

子ども図書館

小さな子どもたちがくつろいで過ごせるように作られたコーナー。靴を脱いでゆったりマンガを楽しもう！

マンガ家の手
イベントなどでここを訪れたマンガ家の手をそのままかたどった石膏手型を展示。その数なんと100以上！

元・龍池小学校校舎

昭和初期の重厚でモダンなデザインの建物もみどころのひとつ。廊下や階段などが当時のままの姿を見せてくれる。

所要 3時間
適齢 2歳〜

アクセス
交 地下鉄烏丸御池駅からすぐ
駅内EV ○

☎075-254-7414
住 京都市中京区烏丸御池上ル 料 900円。中学生400円、小学生200円 時 10時30分〜17時30分、最終入館は閉館30分前 休 火・水曜（祝日の場合は翌日）P なし
MAP P190B2 66

施設DATA

子ども用トイレ	○
おむつ替え	○
授乳室	○
ベビーカー利用	○
ベビーカー貸出	×
コインロッカー	○
館内飲食店	○
館内売店	○

和歌山県
和歌山市●屏風丁

和歌山市民図書館《わかやましみんとしょかん》

「えほんの山」は小さな子どもの冒険心をそそる
©Nacasa & Partners

Editor's Voice

館内にはミュージアムショップやカフェもあるのでぜひのぞいてみて！（京都国際マンガミュージアム）

1階はカフェや特産品販売、2階は生活に身近な本から有吉佐和子文庫まで、3階は専門書と充実の施設。（和歌山市民図書館）

知的好奇心をくすぐる！
注目ポイント

本のどうくつ

えほんの山の下は本物の洞窟のように天井が低く造られている。お化けや妖怪の本が集められているドキドキ空間。

大きな紙芝居も自由に選べる

本棚の一番下は、小さな子どもも選びやすい引き出し。赤ちゃん用から対象年齢別に収納された紙芝居が揃う。

ココならでは体験！

多彩なイベントを開催

2階の多目的ルームでは「親子ふれあいリトミック」など、子どもも大人も楽しめる多種多様のイベントを開催。公式サイトをチェックしよう。

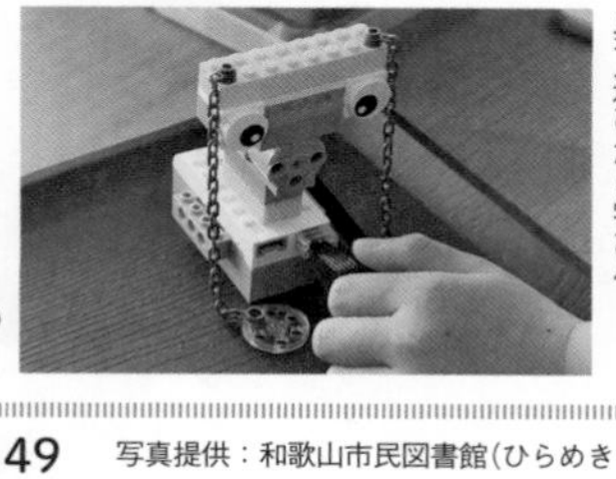
「ひらめきラボ」は知育玩具で遊びから学びへ

知的好奇心UP!

育つ力

- 思考力
- 想像力
- 発想力
- 語彙力

充実の設備で子どもの笑顔があふれる図書館

5つのフロアで構成された子どもも大人も心を開放できる施設。なかでも4階「こどもとしょかん」は、子どもがのびのびと読書ができるほか、授乳室や飲食、プレイスペースも用意。絵本ライブなどのイベントも開催される。屋上では、芝生やベンチでピクニックも可能だ（雨天不可）。

2020年6月グランドオープン。夜は窓が輝く

所要 2時間
適齢 0歳～

アクセス
交 南海和歌山市駅から徒歩すぐ
駅内EV ○

☎073-432-0010
住 和歌山市屏風丁17番地 料 無料 時 9～21時 休 無休 P 343台（図書館利用者は60分無料、以降30分200円）
MAP P187B3 67

施設DATA

子ども用トイレ	○
おむつ替え	○
授乳室	○
ベビーカー利用	○
ベビーカー貸出	○
コインロッカー	○
館内飲食店	○
館内売店	○

写真提供：和歌山市民図書館（ひらめきラボ）

COLUMN

絵本の達人に聞きました！

絵本や児童書に関わる講演会などを多数おこなっている、児童文学研究者の土居さん。絵本の魅力やお仕事のことなどを教えてもらいました！

達人はこの人！

土居安子さん

どいやすこ●児童文学研究者。一般財団法人大阪国際児童文学振興財団理事・総括専門員。国際アンデルセン賞選考委員（2017年～2020年）。日本児童文学学会理事。教員、司書、ボランティアなどに対し、読書活動に関わる研修や国内外の児童文学作家の講演会、シンポジウムの企画なども行なっている。共編書に『子どもの本100問100答』（創元社）、『ひとりでよめたよ！幼年文学おすすめブックガイド200』（評論社）などがある。

Q ズバリ！絵本の魅力を教えて！

絵本は、絵とことばで、読物は、ことばだけで、行ったこともないところや時間へ連れていってくれます。会ったこともない人とも出会えます。世界中に子どもの本があり、多くが日本語に翻訳されているので、**世界の人のくらしや、考えを知ることができます**。マンガは、キャラクターとふきだし、コマ割りでぐっと物語の世界に入ることができます。

Q 子どものころはどんな子でしたか？

よく言えば好奇心旺盛、悪く言えば、周りのいろいろなことが何でも気になるタイプでした。**空想癖もあり、授業中も一人だけ違う世界にいることがよくありました。**人と違うことがあまり気にならなかったけれど、それで友だち関係がうまくいかなかったこともありました。

Q 絵本を好きになったきっかけは？

幼いころに、母にたくさんの本を読んでもらいました。妹といっしょに、寝る前に本を読んでもらうことが楽しみで、本が好きになりました。特に**『長くつ下のピッピ』**（岩波書店）はゲラゲラ笑いながら何度も読んでもらいました。

『長くつ下のピッピ』
リンドグレーン作、
大塚勇三訳、
岩波書店

Q 絵本の仕事で大変なことは?

毎年たくさんの子どもの本が出版されるので、**それらを読み、評価するのに時間がかかります**。でも好きなことをしているので、あまり大変だとは感じません。

Q 絵本の仕事でおもしろいと感じるのは?

すばらしい子どもの本に出合えて、それを誰かに伝えられて共感してもらえるともっと幸せに感じます。また、**自分の子ども時代に感じたことが、絵やことばで表現されている**ととてもうれしくなります。絵本の絵が芸術的で何度見ても見飽きないとき、読物の文章が幾通りにも読めると感じられるとき、マンガの世界に没入できたときもそうですね。

Q 子どもに紹介したい絵本は?

一人一人の子どもによって違うので何が好きか、何に興味があるかを聞きたいです。**「大阪国際児童文学振興財団公式チャンネルIICLO」**のYouTubeで子どもの本の紹介をしていますので、よろしければ、ご覧ください。

Q 絵本の達人になるために頑張ったことは?

たくさん**子どもの本を読み、子どもの本に関する研究書を読んでいます。**また、子どもたちに本を読む活動をして子どもがどんなふうに本を楽しむかを考えています。加えて子どもの本の歴史の研究もしています。

Q 絵本の達人を目指す子どもたちへメッセージ

おもしろいという本が一冊でも見つかればいいなと思います。そして、その本が、新しいものの見方や考え方を教えてくれたり、**毎日の暮らしとは違う世界に案内してくれたり**して、楽しい時間が過ごせたらうれしいです。

Q お気に入りの絵本スポットは?

地元の公共図書館をぜひ、おすすめします。無料で、いろいろなイベントもしています。本を買う前に、いっぱい読んでみて、これは手元においておきたい、何度も読みたいと思うものをぜひ、買ってください。図書館のカウンターでおすすめ本を聞いてみるのもオススメです。

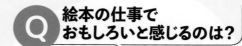

知的好奇心がすくすく育つ学びスポット

にほんの歴史

歴史の達人もオススメ!

歴史に詳しい達人がとくにおすすめする施設には、**達人コメント**を入れているので要チェック!

歴史の達人

伊藤賀一さん

いとうがいち●リクルート運営のオンライン予備校「スタディサプリ」で中学・高校の社会9科目を担当。「日本一生徒数の多い社会科講師」として知られる。著書・監修書は50冊以上。

COLUMN 歴史の達人に聞きました!…P172

カップヌードルミュージアム 大阪池田の「インスタントラーメン・トンネル」

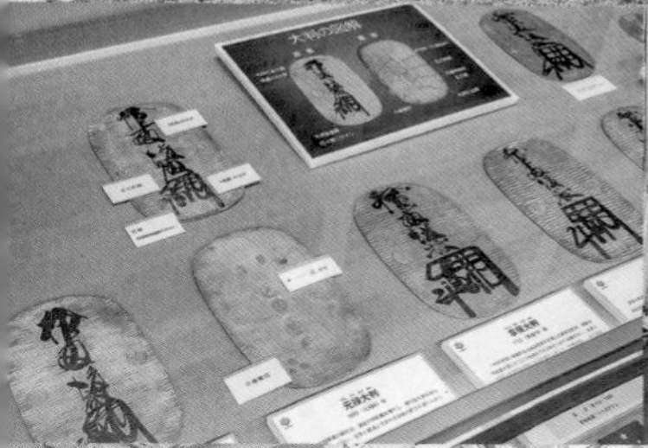

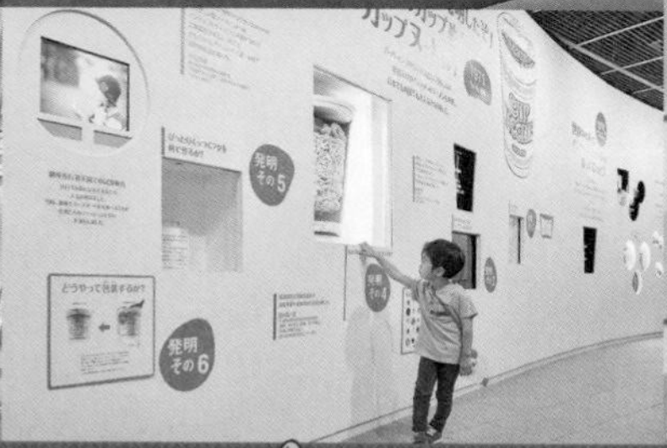

教えて！瀧先生

にほんの歴史が子どもの知的好奇心を育てる理由

歴史を知ることは、今を知ること。今わたしたちが安全に暮らせるための知恵や社会のルールは、長い歴史を経て培われたものだとわかると、**現代の科学技術や未来の社会にも視野が広がる一歩**となります。また、歴史をさかのぼる楽しさを知ると、忍者やお城、豪華な着物を召したお姫様や勇ましい戦国武将など、子どもの知的好奇心をくすぐるものとの出合いも豊富です。旅行で神社仏閣などを訪れた際も、興味が広がるでしょう。

にほんの歴史への知的好奇心で育つ力

洞察力・想像力・思考力・語彙力など

兵庫県立考古博物館《ひょうごけんりつこうこはくぶつかん》

土の中から出てきた遺跡が語りかけるロマン

出土した土器や住居跡などの遺物から、はるか昔・太古の世界からのメッセージを読み解く、まるでナゾ解きのような考古学のおもしろさを満喫できるミュージアム。発掘された土器などの遺物や、古墳時代の船を原寸大で再現した古代船など、古代ロマンを感じる展示の数々が興味深い。また、子どもたちが実際に体験したり、自ら考えて答えを導き出せるように工夫された各種プログラムも充実。博物館の目の前にある遺跡公園には、弥生時代の竪穴住居を復元した建物7棟が並んでおり、中に入ることもできる。考古学者気分で古代へタイムスリップしてみよう！

知的好奇心UP!

育つ力

- 洞察力
- 思考力
- 想像力
- コミュニケーション力

施設DATA

子ども用トイレ	○
おむつ替え	○
授乳室	○
ベビーカー利用	○
ベビーカー貸出	○
コインロッカー	○
館内飲食店	○
館内売店	○

大中遺跡がある遺跡公園内、狐狸ヶ池の辺りに立つ。周囲の散歩も楽しんで

所要 2時間
適齢 6歳～

アクセス
交JR土山駅から徒歩15分
駅内EV ○

☎079-437-5589
住播磨町大中1-1-1
料200円。大学生150円※特別展開催時は別料金、高校生以下無料 時9～18時(10～3月は～17時、有料ゾーンの入場は9時30分～)、最終入館は閉館30分前 休月曜(祝日の場合は翌平日) P播磨町営駐車場利用114台(1日300円)
MAP P187B2 (68)

Editor's Voice

体験プログラムが充実しており、専用の体験学習室もあります。

知的好奇心をくすぐる!

注目ポイント

はるか大陸をめざす

古墳時代の船・準構造船を一本の木から再現した展示物。巨木をくり抜いた下半部と、板をつぎたした上半部の２段構造になっており、シンプルがゆえの力強さを感じる。

自然に挑む

3万年前、ナウマンゾウが歩きまわっていた時代の人々の暮らしを模型で再現。まだ土器がつくられていなかった時代の暮らしぶりは、石器とその製作時に飛び散った石くずによって証明された。

竪穴住居

博物館が建つ大中遺跡は弥生時代の終わり頃に営まれた集落で、発掘調査に基づいて当時と同じ場所に7棟の竪穴住居を復元。内部にも自由に入ることができる。

発掘ひろば

発掘調査現場を模したフロアでは、発掘プールで実際にスコップを持って遺物を掘り出す体験ができる。敷き詰められたゴムチップの中には、金印や勾玉（まがたま）・石包丁などのお宝が隠れている。

約3500年の時間の流れを、発掘された土器の変化で感じることができる

博物館のキャラクター「ほったん」

ココも嬉しい!

館内立ち寄りスポット

周囲の自然と町並み見渡す

展望塔《てんぼうとう》

館のシンボルで弥生時代の建物をイメージした展望塔。播磨平野を一望でき、遠くには家島、淡路島が望めることも。西入口横のエレベーターで上がることができる。

時休施設に準ずる

ココならでは体験!

火おこしなど体験メニューが豊富

古代からの伝統的な方法で実際に火をおこす体験（料無料、当日予約制）ができる。ほかにも勾玉・石包丁づくり体験（料有料、当日予約制）など多彩に楽しめる。

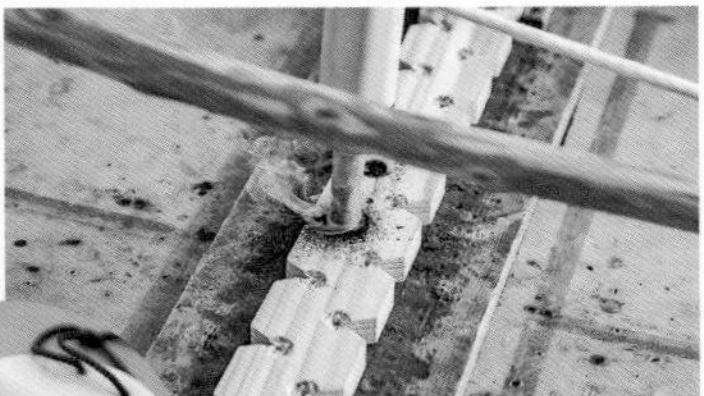

火おこし棒を高速回転させて摩擦で火をおこす

数種の紙ヤスリを使い分けながら勾玉や石包丁を磨き上げる

大阪府
大阪市●中央区

大阪歴史博物館《おおさかれきしはくぶつかん》

難波宮《なにわのみや》から現代へと続く大阪の歴史を知る

エントランスホールからエレベーターで一気に10階まで上れば、そこには奈良時代の難波宮の宮殿を実物大で再現した迫力満点な世界が広がっている。10階から９階、8階と下りてくることで、時代がだんだんと現代へと近づいてくる。それぞれのフロアは、時代の情景を再現したジオラマなどの模型と、実物の資料などを並列で展示。両者を見比べることで、より時代への理解が深まる仕組みだ。大阪城のベストビュースポットでもあり、眼下に難波宮跡公園を望むことができるのもポイント。大阪の歴史を学ぶには欠かせないミュージアムといえるだろう。

知的好奇心UP!

育つ力

思考力 / 想像力 / コミュニケーション力 / 発想力

達人コメント

「各時代の歴史」がオール・イン。ラーメンやカレーと同じで迷った時は王道です。好きなように過ごし、楽しむ、よい一日に。

施設DATA

子ども用トイレ	×
おむつ替え	○
授乳室	○
ベビーカー利用	○
ベビーカー貸出	○
コインロッカー	○
館内飲食店	○
館内売店	○

所要 3時間
適齢 3歳～

アクセス
交 地下鉄谷町四丁目駅から徒歩3分
駅内EV ○

☎06-6946-5728
住 大阪市中央区大手前4-1-32 料 600円。高校・大学生400円、中学生以下無料 時 9時30分～17時、最終入館は閉館30分前 休 火曜（祝日の場合は翌日） P 100台（1時間500円、以後30分ごと200円）

MAP P189C2 69

「NHK大阪放送会館」の向かいに入口がある

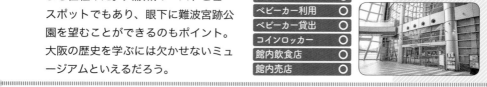

Editor's Voice

なんと言っても「難波宮大極殿」の復元模型などスケールの大きな展示が魅力の施設です。

知的好奇心をくすぐる!

注目ポイント

難波宮大極殿《だいごくでん》

天平16年(744)に聖武天皇の勅命により難波宮遷都が行われた。その時の様子を原寸大で大胆に再現。スリットのように広がる窓からは、眼下に難波宮跡公園が望める。

古代難波の序章

東アジア世界に向けた交通の拠点でもあった古代の難波。10階の古代フロアでは、難波宮が成立する前の歴史を、土器などさまざまな遺物を通して知ることができる。

直径70㎝もある朱塗りの柱が立ち並ぶ、難波宮の太極殿を再現した空間

大大阪の時代

大大阪とよばれた大正末期〜昭和初期にかけての心斎橋筋や道頓堀の街角などを再現。当時の記録映像などとともに、モダン都市・大阪の街並みを散策できる。

天下の台所の時代

江戸時代、大坂の町は諸藩の蔵屋敷、市場、商家などが集中する「天下の台所」として栄えることに。9階のフロアにはその時代の町の賑わいをリアルに再現したコーナーも。

前期難波宮時代の地層から発見された百済土器

ココも嬉しい!

館外立ち寄りスポット

古墳時代の高床式倉庫

法円坂遺跡《ほうえんざかいせき》

博物館南側の敷地には、5世紀代の高床式倉庫の遺構と考えられる「法円坂遺跡」がある。16棟の建物跡が発見されたが、その内1棟を復元、残りのうち数棟に関しては柱があったところに石柱が並ぶ。

時 休 外からの見学自由(内部には入れません)

ココならでは体験!

大阪城のベストビュースポット!

10階から9・8・7階へと降りる階段の踊り場から、大阪城の天守閣が目の前に望めるのもうれしいポイント。階によって角度が変わり、大阪城の見え方も変わるのでチェックしてみよう!

林立する高層ビルを背に、そびえ立つ大阪城のコントラストもおもしろい

大阪府
池田市●満寿美町

カップヌードルミュージアム 大阪池田《かっぷぬーどるみゅーじあむ おおさかいけだ》

オリジナル「カップヌードル」が作れる工房「マイカップヌードルファクトリー」

革新的な即席麺の誕生ヒストリーに迫る

発明・発見の大切さを伝える体験型食育ミュージアム。日清食品創業者の安《あん》藤百福《どうももふく》氏が、池田市の自宅裏庭に立てた小屋で試行錯誤を繰り返してできた世界初のインスタントラーメンである「チキンラーメン」の発明エピソード紹介をはじめ、「カップヌードル」の誕生などインスタントラーメンの発展の歴史を体感することができる。世界でたったひとつのオリジナルカップヌードルをカップのデザインから作れる「マイカップヌードルファクトリー」は子どもだけでなく大人にも大人気。家に帰って市販のカップヌードルと食べくらべるのもおすすめだ。

知的好奇心UP!

育つ力

洞察力　想像力　発想力

施設DATA

子ども用トイレ	×
おむつ替え	○
授乳室	○
ベビーカー利用	○
ベビーカー貸出	×
コインロッカー	×
館内飲食店	×
館内売店	○

体験をせずに展示見学だけでも入館ＯＫ

所要 1時間30分

適齢 4歳～

アクセス

交 阪急池田駅から徒歩5分

駅内EV ○

☎072-752-3484

住 池田市満寿美町8-25 料 無料(体験は有料) 時 9時30分～16時30分、最終入館は閉館1時間前 休 火曜(祝日の場合は翌日) P 23台(60分300円)

MAP P189C1 70

Editor's Voice

小学生以上は「チキンラーメン」が作れるチキンラーメンファクトリー(料1000円。小学生600円※要事前予約)も体験できます。

知的好奇心をくすぐる! 注目ポイント

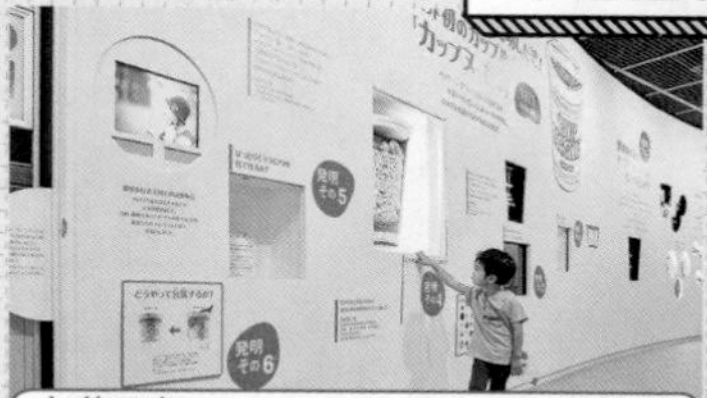

安藤百福とインスタントラーメン物語

インスタントラーメン発明エピソードとその後の軌跡を紹介。ハンドルを回したり扉を開けたりと、ユニークな仕掛け展示の数々に子どももワクワク!

インスタントラーメン・トンネル

「チキンラーメン」から始まったインスタントラーメンの歴史。約800種のパッケージによって発展していく様子を表現。懐かしいパッケージに大人の方が興奮しそう!

チキンラーメンの誕生

世界初のインスタントラーメン「チキンラーメン」が誕生した研究小屋を忠実に再現。発明に使った道具はなんと…!? 小屋の中をのぞいてみて。

カップヌードルドラマシアター

約13分間の映像プログラムを上映。「カップヌードル」開発に至るまでのひらめきのエピソードをアニメーションやCGを使ったダイナミックな映像で、わかりやすく紹介している。

安藤百福翁像

帰り道、建物に沿って阪急池田駅方面へ歩いていくと安藤百福氏の像が。しかも石台は「カップヌードル」。将来発明家になれますように♪

世界のインスタントラーメン

マイカップヌードルファクトリーの壁には、今や100ヵ国以上で販売される「カップヌードル」のパッケージがズラリ。海外らしさもあって楽しい。

日清食品の名物キャラ・ひよこちゃん

ココも嬉しい! 館内立ち寄りスポット

ひよこちゃんグッズをゲット

ミュージアムショップ《みゅーじあむしょっぷ》

チキンラーメンまんじゅう(900円)やトミカひよこちゃんバス(660円)、ひよこちゃんキーボールチェーン(350円)などオリジナルグッズが多数ラインナップ。

階1階 時休施設に準ずる

ココならでは体験!

マイカップヌードルファクトリー

自分でデザインしたカップにお好みのスープと具材をチョイス。体験1食500円。当日の整理券もあるが、確実に体験したい場合はローソンチケットで体験付き入場券を事前購入するのがおすすめ。

机の上にあるペンを使ってカップに好きな絵を描こう

完成したら専用のエアパッケージに入れて持ち帰れる

大阪府

吹田市●千里万博公園

国立民族学博物館《こくりつみんぞくがくはくぶつかん》

東アジア展示〈日本の文化〉の「祭りと芸能」

圧巻の展示品から日本と世界を知る

民族学・文化人類学の研究所であり、世界最大級の民族学博物館。日本の文化を世界各地の文化との関連の中で理解できるようにと、オセアニアを出発して東回りに世界を一周し、最後に日本にたどり着く展示構成になっている。未就学児の好奇心をくすぐるには、まずは体感できるコーナーに行ってみるのがおすすめ。たとえば、アフリカ展示の屋台、カフェ展示で旅行気分を味わってみたり、音楽展示で世界の楽器の演奏動画を視聴してみたり。言語展示では絵本「はらぺこあおむし」を世界の言語で、昔話「ももたろう」を日本各地の方言で聞くことができる。

知的好奇心UP!

育つ力

洞察力　想像力　発想力

施設DATA

子ども用トイレ	×
おむつ替え	○
授乳室	○
ベビーカー利用	○
ベビーカー貸出	○
コインロッカー	○
館内飲食店	○
館内売店	○

太陽の塔（P133）が立つ万博記念公園の中にある博物館

所要 1時間30分

適齢 6歳～

アクセス

交 大阪モノレール万博記念公園駅から徒歩15分

駅内EV ○

☎06-6876-2151

住 吹田市千里万博公園10-1 料 580円。大学生250円、高校生以下無料、シニア（満65歳以上）490円 時 10～17時、最終入館は閉館30分前 休 水曜（祝日の場合は翌日）

P 万博記念公園日本庭園前駐車場利用 有料612台

MAP P189C1 71

Editor's Voice

最寄りの駐車場は万博記念公園の日本庭園前駐車場。駐車場からは徒歩5分ほどで行けます。

知的好奇心をくすぐる!

注目ポイント

アフリカ展示

写真右はガーナのキオスク。日本と違うところを探してみよう。写真左はザンビアで実際に使われるポリタンクと現地の動画。世界のことに興味をもつきっかけに。

東アジア展示<日本の文化>

「祭りと芸能」、「日々のくらし」など4つのセクションから構成。写真は「祭りと芸能」の「津和野の鷺舞」の展示。日本には多様な民俗風習があることに気付かされる。

言語展示

1文字のひらがなの中にある小さい音たち。その小さな音を組み合わせて遊ぶ「ことばスタンプ」。イラストは絵本でおなじみの五味太郎氏。

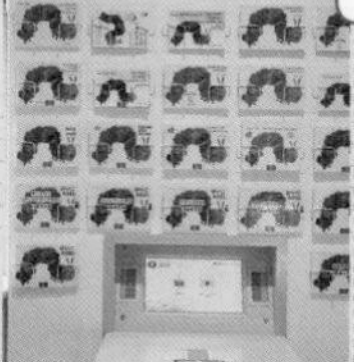

言語展示

世界のさまざまな言語で翻訳されている絵本「はらぺこあおむし」。聞きたい言語の絵本を選び、機械の上に置くと音声が流れる。全く新しい物語のように聞こえるのがおもしろい。

音楽展示

世界各地の楽器を展示。演奏動画も視聴できる。中央には音によって変化するライトを発する機械が。ライトの光を踏むと、どうなるかな?

アメリカ展示

メキシコのオアハカ州で作られる「アレブリヘ」という名前の動物木彫。カラフルで独特な色使いがユニークで印象に残る。

子ども向けのパンフレットもあるよ!

ココも嬉しい!

館内立ち寄りスポット

ホッとひと息つけるオアシス

森の洋食《もりのようしょく》 グリルみんぱく《ぐりるみんぱく》

レストランは入館料不要で利用できる。ハンバーグステーキ定食(1500円)やキッズランチ(800円)、ケーキ(600円)など。配膳ロボットが料理を席まで運んでくれる。

階1階 時11時〜16時30分 休施設に準ずる

ココならでは体験!

民族音楽を体験してみよう

東南アジア展示の一角に置いてある金属製打楽器は実際にふれることができる。演奏動画が流れているので、映像のまねをして東南アジア特有のリズムを体験してみるのがおすすめ。

「ガムラン」という伝統音楽で使用する

実際に鳴らすと、グォ〜ンと振動が手に伝わってくる

兵庫県

神戸市●中央区

阪神・淡路大震災記念人と防災未来センター《はんしん・あわじだいしんさいきねんひととぼうさいみらいせんたー》

阪神・淡路大震災の経験を今に伝える

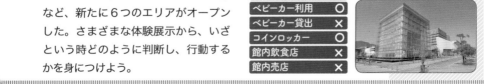

1995年１月17日に起きた阪神・淡路大震災の経験と教訓を後世に伝え、備えを学ぶ災害ミュージアム。館内は、西館と東館に分かれており、西館では被災者から提供された震災関連資料の展示や、映像などで震災体験を紹介している。また、2021年6月に東館3階を「ＢＯＳＡＩサイエンスフィールド」としてリニューアルオープン。リアルに再現された住居やコンビニで避難行動をトレーニングする「ミッションルーム」など、新たに６つのエリアがオープンした。さまざまな体験展示から、いざという時どのように判断し、行動するかを身につけよう。

知的好奇心UP!

育つ力

洞察力　思考力　想像力　語彙力

達人コメント

兵庫県は1995年1月17日に「阪神・淡路大震災」を経験。日本の歴史で避けて通れない自然災害の理解に必要不可欠な施設です。

施設DATA

子ども用トイレ	×
おむつ替え	○
授乳室	○
ベビーカー利用	○
ベビーカー貸出	×
コインロッカー	○
館内飲食店	×
館内売店	×

所要 1〜2時間

適齢 6歳〜

アクセス

交 阪神岩屋駅、阪神春日野道駅から各徒歩12分

駅内EV ○

☎078-262-5050

住 神戸市中央区脇浜海岸通1-5-2(HAT神戸内) 料 600円。大学生450円(東館のみ観覧の場合は300円、大学生200円)、高校生以下無料 時 9時30分〜17時30分(7〜9月は〜18時、金・土曜は通年〜19時)、最終入館は閉館1時間前 休 月曜(祝日の場合は翌平日) P 15台(最初の1時間250円、以後変動あり)

MAP P191A4 72

日没〜21時まで月替わりでライトアップを行う

Editor's Voice

毎月17日は無料で入館できます。「語り部」による震災語り継ぎワークショップも開催。

知的好奇心をくすぐる!

注目ポイント

西館3階の「震災の記録フロア」では映像やジオラマなどを使い震災体験などを伝えている

防災ワゴン

パズルや体験キットで、楽しみながら災害や防災について学べるコーナー。写真の「避難所パズル」は、避難所の様子が描かれたピースを組み合わせて、学校を避難所として完成させるパズル。

1.17シアター

大型スクリーンに映し出される7分間の映像と音響で、阪神・淡路大震災の地震破壊のすさまじさを体験できる。映像は毎時20分間隔で上映しており、この施設のスタート地点になっている。

クエスチョンキューブ

地震、風水害時でのさまざまな場面を体験しながら、映像空間でクイズに答えていく。自然災害に遭遇した時、自分や大切な人たちの命を守るための最善の行動を身につけることができる。

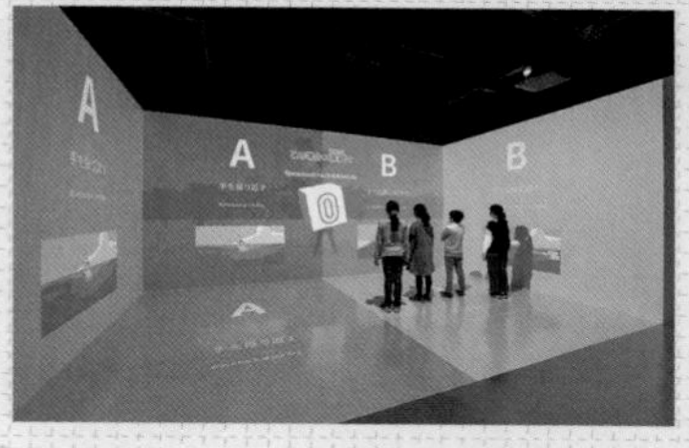

震災直後のまち

「1.17シアター」上映後に通り抜ける、震災直後のまち並みの実物大ジオラマ。地震によってどのような被害を受けたのかをリアルに表現しているので、その威力や恐ろしさを実感できる。

震災からの復興をパネル展示

ココも嬉しい!

館内立ち寄りスポット

防災グッズなどを販売

ミュージアムショップ

みゅーじあむしょっぷ

防災ずきんなどの防災グッズをはじめ、防災関連の本、神戸のみやげなど幅広い商品が揃う。いざという時のために防災グッズを準備しておこう。

☎078-251-8166 階東館1階 時 10時30分～15時30分 休施設に準ずる

ココならでは体験!

ハザードVRポート

360度広がる迫力満点のVR映像や座席の振動装置、音声を使い、地震や津波、風水害の3つの災害現場に実際にいるかのような疑似体験をしながら、その脅威を学ぶことができる。体験時間は約10分。

体験の内容は実施時間によって異なるので、公式サイトをチェックしよう

大阪府

高槻市●郡家新町

今城塚古代歴史館《いましろづかこだいれきしかん》

展示室のステージに並ぶ本物の埴輪群

所要 1時間

適齢 5歳〜

アクセス

交JR摂津富田駅からバスで8分、バス停今城塚古墳前下車すぐ

駅内EV ○

☎072-682-0820

住高槻市郡家新町48-8 料無料 時10〜17時、最終入館は閉館30分前 休月曜（祝日の場合は翌平日）

P35台

MAP P188D1 73

施設DATA

子ども用トイレ	×
おむつ替え	○
授乳室	○
ベビーカー利用	○
ベビーカー貸出	×
コインロッカー	○
館内飲食店	×
館内売店	○

知的好奇心をくすぐる!

注目ポイント

本物の埴輪群

今城塚古墳で見つかった埴輪群。今城塚古墳公園にはこの埴輪群のレプリカが復元配置されているので要チェック！

古墳築造のジオラマ

今城塚古墳の発掘調査などで判明した巨大古墳の築造過程を実大ジオラマで再現。わかりやすい映像解説も。

知的好奇心UP!

育つ力

洞察力　想像力

発想力　語彙力

埴輪群を見たあとは散策OKの古墳へ！

古墳に自由に立ち入ることができる日本でも珍しいスポット・今城塚古墳公園に隣接。一番の注目展示は本物の埴輪群で、武人や巫女、力士、動物などさまざまな形の埴輪がある。定期的に行われる埴輪とまが玉作りのワークショップは、未就学児でも参加できる大人気のイベント。

今城塚古墳公園。歴史館から連絡通路で徒歩3分ほど

ココも嬉しい!

館内立ち寄りスポット

古墳＆埴輪クッキーはおみやげに
はにたんミュージアムショップ《はにたんみゅーじあむしょっぷ》

埴輪や古墳をモチーフにしたクッキーや文房具などを販売。なかでも一番人気は、写真のはにたんクッキー（120円）。

階1階 時休施設に準ずる

大阪府
大阪市●北区

造幣博物館《ぞうへいはくぶつかん》

ここでしか見られない珍しい貨幣などが展示されている

Editor's Voice

埴輪とまが玉作りのワークショップは開催が決まったら広報誌と公式サイトで告知。予約は公式サイトで。（今城塚古代歴史館）

暮らしに絶対必要なお金について学べる貴重なミュージアムです。（造幣博物館）

知的好奇心をくすぐる!
注目ポイント

造幣局の歴史を知る

創業当時の歴史や時代背景がわかる展示も。映像と造幣局の模型がリンクして動く「映像シアター」はとてもわかりやすい。

珍しい貨幣がいっぱい!

江戸時代の大判、小判、記念貨幣や海外の貨幣などが並ぶ。オリンピックのメダルや勲章も展示。

貨幣製造の技術や工程を学ぶ

創業時の機械や日本最古のガス燈、貨幣の製造工程を説明するパネルを展示。金塊にさわれるコーナーも。

ココならでは体験!

造幣局の工場見学

造幣局の工場見学もセットで楽しめる。金属板からの貨幣の打ち抜きや模様つけを経て袋詰めされるまでの工程を見学。

見学は月～金曜の9時～（工場見学公式予約サイトから要予約）

知的好奇心UP!

育つ力
- 洞察力
- コミュニケーション力

貨幣に刻まれた時代のメッセージを読み解く

日本国内で流通する貨幣を製造する造幣局構内にあるミュージアム。レンガ造りの建物は、構内に残る唯一の明治時代の西洋風の建物だ。造幣局が保管していた貴重な貨幣などの展示のほか、貨幣製造の歴史や工程の紹介、造幣局創業当時の様子がわかる映像と模型の展示などもあり、お金について幅広く学べる。

博物館の外には創業当時に使われた圧印機を展示

所要 1時間
適齢 5歳～

アクセス
交 地下鉄南森町、JR桜ノ宮駅から各徒歩15分
駅内EV ○

☎06-6351-8509
住 大阪市北区天満1-1-79 造幣局構内 料 無料 時 9時～16時45分、最終入館は閉館45分前 休 第3水曜、不定休 P なし
MAP P189C2 74

施設DATA

子ども用トイレ	×
おむつ替え	○
授乳室	×
ベビーカー利用	○
ベビーカー貸出	○
コインロッカー	○
館内飲食店	×
館内売店	×

大阪府

大阪市●此花区

大阪市下水道科学館《おおさかしげすいどうかがくかん》

最新のデジタル技術を駆使した展示は驚きの連続

知的好奇心をくすぐる！
注目ポイント

ゲスイドウのキレイとハテナシアター

壁面・床面の2面スクリーンを有効活用。下水道の役割や重要性を直感的に感じることができる。

光るマンホールふた

実際に使われているマンホールふたなども展示。中には光るものや有名キャラクターが描かれたものも。

下水道の仕組み

下水道がどのようにつくられ、どんな仕組みで動いているかなど下水道を支える技術について学ぶコーナー。

知的好奇心UP!

育つ力

計画力　思いやり

下水道の大切さを再認識できる施設

2022年4月にリニューアルオープンした、下水道に関する情報発信に特化したミュージアム。映像をはじめ、あらゆる最新デジタル技術を駆使した展示で、下水道の大切さや歴史・仕組みなどについてわかりやすく教えてくれる。フォトスポットやクイズコーナーなどもあり、楽しみながら学べる。

現役の下水処理施設に隣接して立つ近未来的な建物

ココならでは体験！

フォトスポットで映える写真を！

全面ガラス張りの最上階には、人物が映り込むことで「下水道」の文字列が完成するユニークな壁や、大阪城が描かれたマンホールふたと記念撮影ができるフォトスポットも！

3人で協力して下水道の文字列を完成！

所要　2時間

適齢　4歳～

アクセス

交 阪神淀川駅から徒歩7分

駅内EV　○

☎06-6468-1156

住 大阪市此花区高見1-2-53 料 無料 時 9時30分～17時、最終入館は閉館30分前 休 水曜（祝日の場合は翌平日）P 40台

MAP P189C2 75

施設DATA

子ども用トイレ	×
おむつ替え	○
授乳室	×
ベビーカー利用	○
ベビーカー貸出	×
コインロッカー	×
館内飲食店	×
館内売店	×

大阪府
大阪市●北区

大阪くらしの今昔館《おおさかくらしのこんじゃくかん》

空堀通や堺筋など「大阪六景」が当時のまま詳細につくり込まれた展示物

Editor's Voice

最新のデジタル技術満載のミュージアムなので、ずっとワクワクの連続です。（大阪市下水道科学館）
時代は変わっても昔から綿々と続く「大阪らしさ」を実感できるミュージアムです。（大阪くらしの今昔館）

知的好奇心UP!
育つ力
想像力
コミュニケーション力

達人コメント
「衣食住」の「住」に的を絞った体験型ミュージアム。どの世代が一緒に行っても「そうそうあの頃…」と楽しめるところがイイ！

知的好奇心をくすぐる！
注目ポイント

明治・大正・昭和の大阪
8階では明治時代以降の大阪の住まいと暮らしをテーマに展示。定期的に放映される「住まい劇場」は、詳細模型がリアル。

大阪市パノラマ地図
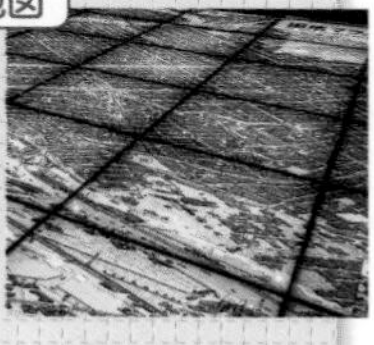
1924年の大阪の地図が床一面に広がる。ライトアップされた地図の上を歩きながら、現在の大阪と見比べてみよう！

江戸時代の大坂の町並み
9階の展示室では天保年間（1830年代）の大阪の町並みを実物大で再現。実際に町を歩くことができる。

商店を巡る

写真の本屋をはじめ、呉服屋、薬屋などが並ぶ。想像を巡らせながら店の中をのぞいてみてはいかが？

大阪の暮らしにふれるノスタルジックな博物館

大阪の下町情緒が残る天神橋筋六丁目の交差点に立つビルの8〜10階にある、大阪のまち・住まいの歴史と文化をテーマにしたミュージアム。9階では江戸時代の大坂の町並みを実物大で再現、8階には明治・大正・昭和のまち・くらしを詳細な模型や映像資料で紹介している。

交通の要所・天神橋筋六丁目駅直結のアクセス便利な場所に立つ

所要 2時間
適齢 3歳〜

アクセス
交 地下鉄・阪急天神橋筋六丁目駅からすぐ
駅内EV ○

☎06-6242-1170
住 大阪市北区天神橋6-4-20住まい情報センタービル8階 料 600円。大学・高校生300円、中学生以下無料 時 10〜17時、最終入館は閉館30分前 休 火曜（祝日の場合は開館） P 有料40台（立体駐車場）
MAP P189C2 76

施設DATA

子ども用トイレ	×
おむつ替え	○
授乳室	×
ベビーカー利用	○
ベビーカー貸出	○
コインロッカー	○
館内飲食店	×
館内売店	○

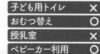

兵庫県
神戸市●垂水区

橋の科学館《はしのかがくかん》

博物館の目の前から明石海峡大橋が淡路島へ向かって続く

知的好奇心をくすぐる!
注目ポイント

常設展示

橋の設計から完成までの工事の様子や、橋の構造、保全技術などがわかるさまざまな展示物が並ぶ。

精密模型

主塔の内部を忠実に再現した模型や、アンカーレイジとよばれる巨大構造物の模型など、多くの立体模型を展示している。

ココならでは体験！

3Dシアターで飛び出す映像を楽しむ

専用メガネをかけて見ると映像が立体的に！明石海峡大橋の橋桁や、主塔の中を探検したり、橋の上空を飛び回ったりと、楽しくて貴重な体験ができる。

上映プログラムや上映スケジュールは日によって異なる

知的好奇心UP!

育つ力

洞察力　計画力

世界最大級の吊り橋のたもとに立つ科学館

本州と淡路島をつなぐ全長3911mの明石海峡大橋。そのたもとにあるミュージアムでは、明石海峡大橋をつくり上げた世界最高水準の架橋技術を紹介している。パネル・模型、実物模型などを駆使して「橋」を科学する展示が多数あり、みどころたっぷり。3Dシアターでは立体映像で明石海峡大橋内を探索できる。

明石海峡大橋のジオラマ模型などを展示する館内

所要 2時間

適齢 3歳～

アクセス

交JR舞子駅、山電舞子公園駅から各徒歩5分

駅内EV ○

☎078-784-3339

住神戸市垂水区東舞子町4-114 料310円。中学・小学生150円 時9時15分～17時(7月20日～8月は～18時、12～2月は～16時30分、要確認)、最終入館は閉館30分前 休月曜(祝日の場合は翌日) P県立舞子公園駐車場利用198台(1時間200円、上限1000円)

MAP P187B3 77

施設DATA

子ども用トイレ	×
おむつ替え	○
授乳室	×
ベビーカー利用	○
ベビーカー貸出	×
コインロッカー	×
館内飲食店	×
館内売店	×

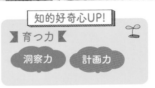

兵庫県
西宮市●甲子園

甲子園歴史館《こうしえんれきしかん》

Editor's Voice

外に出て目の前にある実物を見ることで、科学館で学んだことがすぐ役立つのがうれしい！（橋の科学館）

甲子園プラスには飲食店やバーチャルバッティングセンター、球場には限定品が買えるショップがあります。（甲子園歴史館）

スコアボード下の展望スペースから球場を一望できる、バックスクリーンビュー

知的好奇心をくすぐる！
注目ポイント

VRで甲子園球場を体験

写真提供：甲子園歴史館

ヘッドセットを装着して甲子園球場をリアル体験できる。引退試合の藤川選手とリリーフカーに乗っている気分だ。

バックスクリーンウォーク

球場側には、1934～1983年まで、約半世紀もの間使われていた手書きのスコアボードを展示。

まんがと甲子園

不朽の名作『巨人の星』から『ダイヤのA actⅡ』といった近年の作品まで、甲子園を題材にした漫画を紹介。

ココならでは体験！

スタジアムツアー

選手が使うロッカールームやブルペン、ベンチなどをガイドの案内で特別に見学。日によってコースが異なる。

WEBで事前購入がおすすめだが、空きがあれば当日申込み可

知的好奇心UP!

育つ力
思考力　想像力

甲子園の歴史と今を展示やVRで体験

高校野球と阪神タイガースの歴史や感動を伝える施設。甲子園プラス側は阪神タイガース、球場側は高校野球や球場の歴史がテーマで、優勝旗や活躍した選手のサインボール、歴史年表の展示のほかに、映像で振り返る名シーン、VR体験などが楽しめる。投手が投げるボールをキャッチャー目線で体感する「投球体感映像」は、臨場感たっぷりで大人にも人気。

球場の南側の商業施設「甲子園プラス」の2階

所要 1時間
適齢 4歳～

アクセス
交 阪神甲子園駅から徒歩7分
駅内EV ○

☎0798-49-4509
住 西宮市甲子園町8-15　甲子園プラス内2F 料 900円。高校生700円、4歳～中学生500円 時 10～18時、最終入館は閉館30分前 休 月曜（試合開催日、祝日を除く）
P 有料26台
MAP P191C3 78

施設DATA

子ども用トイレ	○
おむつ替え	○
授乳室	○
ベビーカー利用	○
ベビーカー貸出	×
コインロッカー	○
館内飲食店	○
館内売店	○

奈良県営馬見丘陵公園《ならけんえいうまみきゅうりょうこうえん》

前方後円墳の「ナガレ山古墳」は長さ約105mもの大きさ。墳丘からは園内を見下ろせる

所要 2時間
適齢 6歳～

アクセス

交西名阪自動車道法隆寺ICから県道5号経由で約4km／近鉄五位堂駅からバスで15分、バス停馬見丘陵公園下車すぐ(どちらも中央エリアへのアクセス)

駅内EV ○

☎0745-56-3851
(奈良県中和公園事務所)
住河合町佐味田2202
料時休入園自由※公園館は時9～17時、最終入館は閉館30分前休月曜(祝日の場合は翌日)
P982台(北駐車場460台、中央駐車場426台、南駐車場96台)

MAP P188E4 79

施設DATA

子ども用トイレ	○
おむつ替え	○
授乳室	○
ベビーカー利用	○
ベビーカー貸出	×
コインロッカー	×
園内飲食店	○
園内売店	×

知的好奇心をくすぐる!
注目ポイント

乙女山古墳
代表的な前方部が短い帆立貝式(ほたてがいしき)古墳として知られ、同式の古墳としては国内最大級の規模を誇る。

公園館
主に園内で見られる古墳に関する資料を展示。古墳時代に使用されていた道具や衣服などの展示もチェックして。

知的好奇心UP!
育つ力
思考力　想像力

12基の古墳を有する公園で歴史にふれる

馬見古墳群の一部地区を整備した広大な都市公園。南北に細長く伸びる敷地は、緑道、北、中央、南の4エリアに分かれる。中央エリアでは、復元の埴輪列が並ぶ「ナガレ山古墳」や、国指定史跡の「乙女山古墳」などが見られる。同エリアには、古墳や公園内の生物などに関する資料を展示する「公園館」がある。

多くの花々も観賞できる。特に夏のひまわりが人気

ココも嬉しい!
園内立ち寄りスポット

自然豊かな公園で絶品メニューを
Cafe +f《かふぇ ぷりゅすえふ》

本日のコンフィチュール&バニラジェラート(1000円)や、本日のスパイスカレー1100円など、多彩なこだわりメニューが味わえる。

☎0745-56-6025 北駐車場からすぐ(花見茶屋内) 時10～16時LO 休不定休

滋賀県
甲賀市●甲賀町

甲賀の里忍術村《こうかのさとにんじゅつむら》

「手裏剣道場」で的を狙って忍者気分！6枚300円で体験できる

Editor's Voice

北駐車場からすぐの花見茶屋内には、休憩スペースや畳の授乳室もあります。（奈良県営馬見丘陵公園）

2022年内完成に向けてトイレなどをリニューアル中。それまでは仮設となります。（甲賀の里忍術村）

知的好奇心をくすぐる！
注目ポイント

甲賀忍術博物館

忍術三大秘伝書「万川集海」をはじめ、甲賀忍者の歴史や忍者の衣装、道具などを展示。

からくり屋敷

天保13年（1842）築の忍者屋敷内には、隠し階段やどんでん返しなどが！約10の仕掛けを見つけよう。

忍者道場

写真の塀横歩きや水面を渡る水蜘蛛など、9つの修行に挑戦。すべてクリアして免許皆伝の巻物をゲット！

ココならでは体験！

衣装を着替えていざ、忍者修行！

黒やピンクなどカラーバリエーションも豊富

1日大人用1100円、子ども用700円で忍者衣装のレンタルも可能。これなら水蜘蛛の修行で濡れてしまっても安心。みんなで忍者になりきろう。

知的好奇心UP!

育つ力
- 洞察力
- 思考力
- 想像力
- 語彙力

仕掛け満載の忍者の世界でなりきり体験を楽しもう

忍者発祥の地とされる甲賀にある忍術村。スタッフとともに「からくり屋敷」や「甲賀忍術博物館」で忍者について学んだあとは、忍者修行にチャレンジしよう。忍者の衣装に着替えてモチベーションを上げるのも◎。売店や楽焼・焼杉体験ができる手作り道場では、おみやげも忘れずに。

甲賀にゆかりのある家屋を移築した茅葺の建物も必見

所要 3時間
適齢 5歳～

アクセス
交 新名神高速道路甲南ICから県道337号経由で約8km／JR甲賀駅から無料送迎利用で10分
駅内EV ○

☎0748-88-5000
住 甲賀市甲賀町隠岐394 料 1100円。高校・中学生900円、11～6歳800円、5～3歳600円 時 10～17時、最終入村は閉村1時間前 休 月曜（祝日の場合は翌日） P 520台
MAP P186D2 80

施設DATA

子ども用トイレ	×
おむつ替え	○
授乳室	○
ベビーカー利用	○
ベビーカー貸出	×
コインロッカー	×
村内飲食店	○
村内売店	○

COLUMN

歴史の達人に聞きました！

巧みな話術とわかりやすい内容で大人気の講義を多数担当している伊藤さん。歴史の魅力やお仕事のことなどを教えてもらいました！

達人はこの人！

伊藤賀一さん

いとうがいち●法政大学文学部史学科卒業後、東進ハイスクールなどを経て、リクルート運営のオンライン予備校「スタディサプリ」で高校日本史・倫理・政経・現社、中学地理・歴史・公民、新科目の歴史総合・公共を加え９科目を担当する「日本一生徒数の多い社会科講師」。43 歳で一般受験し、早稲田大学教育学部生涯教育学専修を卒業。『歴史を深ぼり！日本史を動かした 50 チーム』（JTB パブリッシング）など、著書・監修書は 50 冊以上。

Q ズバリ！歴史の魅力を教えて！

一日前のことはすべて歴史。スマホもアニメもサッカーも好きな食べ物も好きな人も、何でもかんでも、日本で起きたことはすべて歴史。僕は**「私たちは明日の過去」という言葉が大好きです**。いつでも、なんでも新しく始められる。それを感じることができるのが歴史。

Q 子どものころはどんな子でしたか？

人を笑わせるのが大好き。それは今も変わりません。また、４歳から空手道場に通い、道場で年上の人たちに囲まれて育ち、後にどんどん後輩が入ってきました。**年齢の違う人たちから色んな話を聞いて吸収することにとても興味があり**、それも今と変わりませんね（笑）

Q 歴史を好きになったきっかけは？

出身が京都市内で、特に４歳からは二条城や壬生寺が近い中心部に暮らし、歴史に囲まれて18歳まで育ちました。**「にほんの歴史」というテーマパークの中にいたようなもの**ですから、自然に好きになっちゃう。あとは、小学生の時に「まんが日本の歴史」を読んでハマったことですね。

Q 歴史の仕事でおもしろいと感じるのは？

仕事柄、全国各地を訪れるのですが、その**土地ごとに違った歴史があり、それが人々に根づいていることを感じられた時**ですね。それと、歴史的な場所を訪れた時、頭の中で妄想が飛びかって、タイムスリップしたような気持ちになること。これはやめられない！

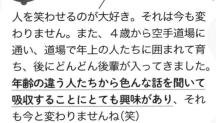

Q 歴史の達人になるために頑張ったことは?

「現場を経験する」ことです。それは歴史の舞台になった現地を訪れる、ということだけでなく、さまざまな出身地の人と話したり、授業や講演を行ったり、本を書いたりと、「具体的に動く」ことです。**毎日積み上げてきた一つ一つの経験だけが自分をつくる**と思っています。まだまだ達人じゃないですけど(笑)

Q 歴史にかかわる仕事で大変なことは?

全国各地の人たちには、**さまざまな歴史が、価値観として根づいている**ことです。それをないがしろにして、傷つけてはいけない。僕は、そう意識している割に、色んなことに鈍感で、経験もまだまだ少ない。気づかないまま誰かを傷つけてはいないだろうか？　とつねに心配です。

Q 子どもに紹介したい日本の歴史とは?

「日本に世界一がたくさんあること」ですね。巨大な大仙陵古墳、長大な『源氏物語』は当時の世界最高水準。江戸時代の江戸の人口は世界一だし、明治以降さまざまな研究成果は世界を引っ張ってきた。僕は目指すなら「自己ベストと世界一しかない」と思ってる人で、だからこそ世界一に敏感です。

Q お気に入りの歴史スポットは?

「**国立民族学博物館**(P160)」ですね。民族とは、言葉など同じ文化を持つ人々の集まりのこと。世界中にたくさんの民族が暮らしています。日本に居ながらにして多様な「人の間」を旅することができる、価値のある施設。それが首都圏ではなく関西圏につくられたことにも、心意気を感じます。

Q 歴史の達人を目指す子どもたちへメッセージ

歴史を学ぶと「人は必ず間違う」と解ります。どこに暮らす人も、何歳の人も、何かしら傷ついた経験があり、それぞれの事情を抱えています。確かに自分の価値観に照らし合わせれば、理解できないこともたくさんある。でも、どうか。**人の弱さをわかってやれる、強い人になってください。**

Q・B・Bプロセスチーズパークの「エントランスホール」

知的好奇心がすくすく育つ学びスポット

学べる工場

工場見学の達人もオススメ！

工場見学に詳しい達人がとくにおすすめする施設には、達人コメントを入れているので要チェック！

工場見学の達人

加藤洋さん

かとうひろし● 1975 年京都生まれ、滋賀在住。社会科・工場見学を通して日本のものづくりを紹介する Web メディア「しゃかいか！」の編集長を務める。

COLUMN 工場見学の達人に聞きました!…P182

教えて！瀧先生

学べる工場が子どもの知的好奇心を育てる理由

今わたしたちの日常生活に必要なものの多くは、工場で作られています。普段は見られない舞台裏を知ることができる工場見学は、子どもだけでなく大人にとっても楽しいもの。**実際の工場の音や匂いは、五感もフルに刺激されます**。また、**作るプロセスを知ることは、ものを大切に使う心も育みます**。原材料の産地、科学技術、品質管理や安全管理、効率化や物流の仕組みなど、あらゆる学習分野への興味関心も喚起するでしょう。

学べる工場への知的好奇心で育つ力

計画力・洞察力・想像力・思考力など

めんたいパーク神戸三田《めんたいぱーくこうべさんだ》

明太子の老舗かねふくが運営 明太子のテーマパーク

明太子の製造工程が見られる工場見学を中心に、明太子のすべてがわかる展示、明太子グルメが味わえるフードコーナー、できたての明太子が買える直営店などが一堂に会した明太子専門のテーマパーク。ジャンボすべり台やゲームなどが設置された「めんたいランド」は、小さな子どもも大喜びのミニ遊園地。「めんたいシアター」では、明太子に関するさまざまなテーマの映像をアニメで見られる。小さな子ども連れにやさしい設備もあり、「見たい、知りたい、食べた～い」がキャッチフレーズの施設ならではの充実した内容がうれしい。

知的好奇心UP!

育つ力

- 発想力
- コミュニケーション力

達人コメント

白いごはんの最高のお供「明太子」(個人調べ)。一度行くとリピートしたくなる魅力は明太子と似ているかもしれません！

施設DATA

子ども用トイレ	×
おむつ替え	○
授乳室	○
ベビーカー利用	○
ベビーカー貸出	×
コインロッカー	×
館内飲食店	○(併設)
館内売店	○

所要 2時間

適齢 2歳～

アクセス

交 中国自動車道神戸三田ICから約2km／JR三田駅・神戸電鉄フラワータウン駅から無料送迎バスで20分

駅内EV ○

☎078-986-1137

住 神戸市北区赤松台1-7-1 料 無料 時 9～18時、工場稼働は～17時 休 無休 P 260台

MAP P191A2 81

工場見学の後はできたて明太子を購入！

Editor's Voice

工場見学は時間帯によって作業の工程が変わるので、何度か訪れてみるのもいいですよ。

知的好奇心をくすぐる！ 注目ポイント

めんたいランド

子どもたちに大人気のジャンボすべり台やぴょんぴょん跳ねて遊べるふわふわエア遊具、楽しく魚釣りができるタラピヨフィッシングなど子どもが時間を忘れて遊べるエリア。

工場見学

明太子の製造工程をガラス越しに見ることができる。作業するスタッフのエプロンの色によって作業工程がわかるようになっており、ピンク色は「計量・整形・包装」の工程用。

明太子メーカーの老舗「かねふく」が運営、入場無料なのもポイント！

さまざまな展示物

親魚のスケソウダラと明太子についてわかりやすく解説したパネルなど館内には数多くの展示物がある。それらを見ながらクイズに参加することもできる。

めんたいシアター

映像で明太子についての知識を深めることができるシアター。明太子がどこからやって来るのか、どのように製造されるのかなど小さい子どもにもわかるアニメで紹介。

明太子キャラのタラコン博士が随所に出没！

ココも嬉しい！ 館内立ち寄りスポット

明太子グルメが味わえる

フードコーナー

ふーどこーなー

館内のフードコーナーでは明太子おにぎりや明太丼などに加えて、めんたい味のソフトクリームなど、ここでしか食べられないできたて明太子グルメが勢揃い。店内に飲食スペースあり。

時休施設に準ずる

ココならでは体験！

フォトスポットで映える写真を！

館内にはフォトスポットも点在。写真のようなトリックアートが撮影できるスポットや、巨大明太子に挟まれて記念撮影できるスポットなどもあるので、訪れた記念にぜひ！

館内のさまざまな場所にあるフォトスポットをチェック！

兵庫県

神戸市●西区

グリコピア神戸《ぐりこぴあこうべ》

お菓子や食文化について楽しく学べる工場見学

グリコの「ポッキー」や「プリッツ」の製造工程を見学しながら、子どもたちの大好きなお菓子の世界を楽しく学べる施設。工場見学では原料の混合からはじまり、仕上げ包装までの約100mに渡る製造ラインを実際に見学することができる。ほかにも、デジタル空間の中で自分だけのオリジナルお菓子作りにチャレンジできる「デジタルクッキング」のコーナーや、歴代のグリコのおもちゃが展示されている「グリコミュージアム」なども。最後は「グリコピアショップ」に立ち寄って好きなお菓子をゲットすれば子どもたち大満足の1日になること間違いなし！

知的好奇心UP!

育つ力

思考力　想像力　発想力

施設DATA

子ども用トイレ	×
おむつ替え	○
授乳室	○
ベビーカー利用	×
ベビーカー貸出	×
コインロッカー	×
館内飲食店	×
館内売店	○

ウエルカムホールで映像を見るところからスタート

所要　1時間20分

適齢　3歳～

アクセス

交 第二神明道路玉津ICから約10㎞／地下鉄西神中央駅からバスで8分、バス停高塚台1丁目下車すぐ

駅内EV　○

☎078-991-3693

住 神戸市西区高塚台7-1 料 無料 時 案内時間10・11・13・14・15時の5回※見学は事前予約制 休 金曜ほか（公式HPで要確認）

P 30台

MAP P187B2 (82)

Editor's Voice

工場見学の途中に、カカオの身の模型など興味深い展示もあるので要チェック！

お菓子の世界を"直感的に"学ぶことができる工場見学施設

知的好奇心をくすぐる！ 注目ポイント

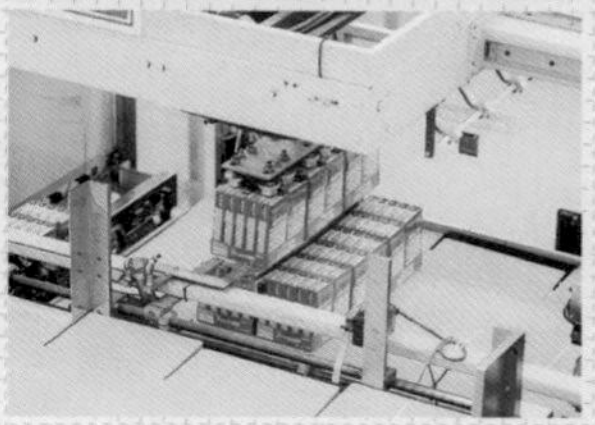

工場見学

ポッキーファクトリーとプリッツファクトリーの見学できる。原料の混合から、製造・包装までの生産ラインが100mにわたって続く様子をガラス越しに見ることができる。

Pockyトンネル

高さ3mの巨大なポッキーがお出迎え。Pockyトンネルをくぐれば、いよいよグリコのお菓子の製造工場へ潜入！ Pockyトンネルは記念撮影スポットとしても人気。

デジタルクッキング

デジタル空間の中で自分だけのオリジナルお菓子作りにチャレンジできる人気のコーナー。さまざまな工夫を加えて世界に一つだけのポッキーやビスコを完成させよう！

グリコミュージアム

100年にも渡って続いてきたグリコの「おまけ」が勢揃い！子どもが楽しいのはもちろん、大人も子どものころを思い出して懐かしく感じられるコーナー。

懐かしいグリコのおもちゃがずらりと並ぶさまは壮観！

ココも嬉しい！ 館内立ち寄りスポット

グリコの人気商品が勢揃い

グリコピアショップ

ぐりこぴあしょっぷ

工場見学終わりには、出口手前にあるショップに立ち寄りたい。グリコの人気お菓子はもちろん、Tシャツなどのグッズも揃っているので、留守番の家族や友達へのおみやげにもぜひ！

住工場見学出口付近 時休施設に準ずる

ココならでは体験！

記念撮影スポットで思い出の一枚を！

ポッキーやプリッツの箱の中に入った写真が撮影できる場所など、館内には記念撮影ができるスポットも点在している。工場見学終了後にはおみやげももらえるので家に帰ってからも楽しい。

箱の中から顔を出してハイチーズ！

おみやげにはグリコピアオリジナルアイテムがもらえる

兵庫県
神戸市●西区

Q・B・Bプロセスチーズパーク《きゅーびーびーぷろせすちーずぱーく》

所要 1〜2時間
適齢 10歳〜

アクセス
交 山陽自動車道神戸西ICから県道22号経由で約2km

☎0120-575-922
(予約専用。受付時間は9時〜12時15分、13時15分〜17時)
住 神戸市西区見津が丘6-7-1 六甲バター神戸工場内 料 無料 時 10時〜、14時〜(1日2部制)※見学は事前予約制。2022年9月現在、各部10名以上で予約可 休 土・日曜、祝日 P 20台
MAP P187B2 83

2022年7月オープン！チーズを通じて食を学ぶ

“Q・B・B”のブランド名で知られ、「ベビーチーズ」や「6Pチーズ」などのプロセスチーズ商品を製造する会社・六甲バターの神戸工場内に入る見学施設。プロセスチーズとは、ナチュラルチーズを加工して作られるチーズのこと。子どもたちにとってもなじみ深い商品の製造現場をガラス越しで見学することで、食への関心や知識を深められる。そのほか、チーズの歴史やプロセスチーズの特徴などについて学べる、多彩な映像や体験型展示も用意。見学後は、できたてチーズの試食ができるだけでなく、ここだけのおみやげもゲットできるのもポイントだ。

知的好奇心UP!

育つ力

洞察力　思考力　想像力

達人コメント
最新鋭の工場でベビーチーズなどの製造を見学したあと「チーズの学校」でチーズの歴史や栄養を学べば、チーズ博士になれるかも。

施設DATA

子ども用トイレ	×
おむつ替え	○
授乳室	×
ベビーカー利用	○
ベビーカー貸出	×
コインロッカー	×
館内飲食店	×
館内売店	○

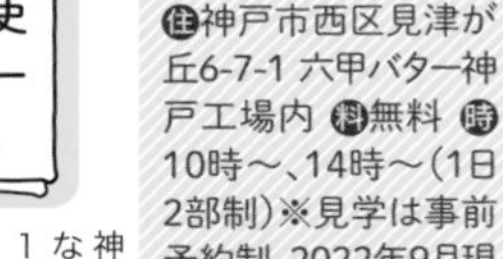

神戸工場の敷地は、なんと東京ドーム1個分の広さ

Editor's Voice

「工場見学通路」は、撮影禁止エリアになります。ルールを守って楽しく見学してくださいね。

知的好奇心をくすぐる！ 注目ポイント

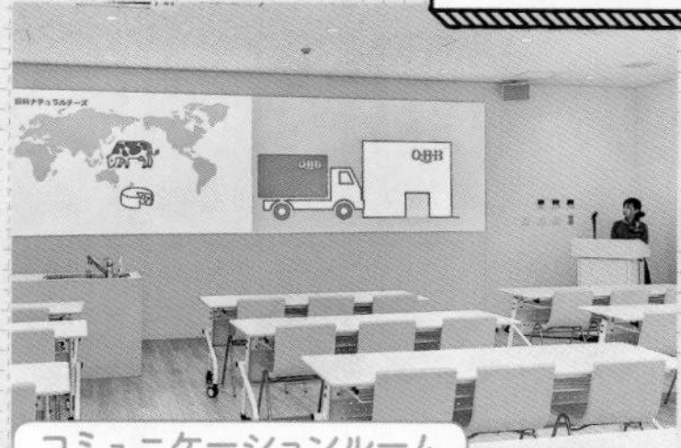

コミュニケーションルーム

工場見学の前に、こちらでプロセスチーズの製造過程や、六甲バターの歴史について知る映像で予習。上映時間は約10分。ワークシートが配布されるので、発見があれば記入していこう。

Welcome六甲バター

1階エントランスホールにある、六甲バターの商品について紹介しているコーナー。世界初のスティックチーズなど、巨大模型はインパクト大！昔の学校給食について解説する展示も。

チーズの学校

さまざまな体験型展示を通じて、プロセスチーズの歴史や種類、特徴について学べるコーナー。展示は、おいしさ・食感・ながもち・かたちの4つのテーマに分かれている。

工場見学通路

「ベビーチーズ」や「6Pチーズ」などの製造ラインをガラス越しに見学できる。アテンダントによる解説や、仕掛け付きのタッチモニターなど、わかりやすく学べる工夫がいっぱい。

映像による解説

見学プログラムには、映像による解説が各所に用意されている。機械が動いている様子やチーズが加工される過程を、工場を見学の前後に映像でも見ることで、さらに理解が深まる。

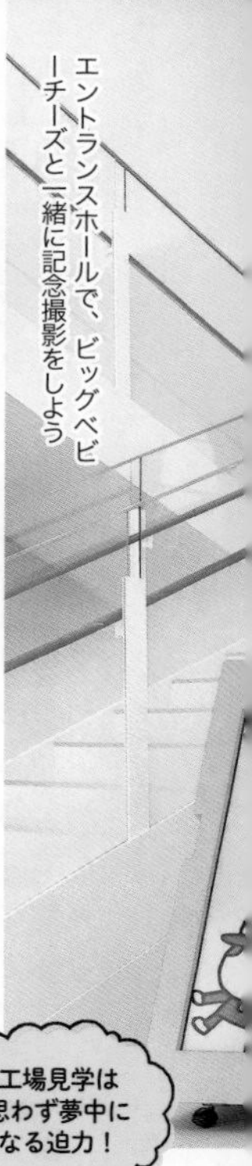

エントランスホールで、ビッグベビーチーズと一緒に記念撮影をしよう

工場見学は思わず夢中になる迫力！

ココならでは体験！

豊富な体験型展示

「チーズの学校」には、味の組み合わせを考えてオリジナルチーズを作るゲームや、持ち上げたりさわったりすることで隠された秘密が見つかる仕掛け付きのパネルなどがあり、楽しみながら学習できる。

ナチュラルチーズと食材を組み合わせるゲーム

実際に発売された、ユニークなフレーバーの商品をチェック

COLUMN

工場見学の達人に聞きました！

日本全国を回り、様々な職人の方や工場の魅力をメディアから発信している加藤さん。工場見学の魅力や子どものころのことなど、たくさん教えてもらいました！

達人はこの人！

加藤洋さん

かとうひろし● 1975 年京都生まれ、滋賀在住。しゃかいか！編集長。数多くの Web プロジェクトに携わり、ASCII ウェブプロフェッショナルにて「今日からできる Facebook ファンページ制作＆運用ガイド」を連載し出版。現在は社会科・工場見学を通して日本のものづくりを紹介する Web メディア「しゃかいか！」を通じて、ものづくり企業と消費者の新しい関係づくりに挑む。

Q ズバリ！ 工場見学の魅力を教えて！

工場見学の魅力はズバリ！勉強になることだと思います！「どんなひとたち」が「いつから」「どのように」作っているのかを特別に見せてもらうことが出来ます。勉強なんて学校だけで十分だよ！という人も**工場見学なら楽しんで学ぶことが出来る**のではないでしょうか。

Q 子どものころはどんな子でしたか？

子どもの頃から「社会」が大好きでした。帝国書院さんの地図帳をずっと眺めて山梨はぶどうが有名なのか！と名産品を見たり、「砂嘴《さし》」や「リアス海岸」など、おもしろい地形を探したりしてました。『日本の歴史』(小学館)の漫画を買ってもらって、歴史にも詳しくなりました！いまと違ってYouTubeとかはなかったのでずっと本を読んでました。

Q 工場見学を好きになったきっかけは？

幼い頃に住んでいたマンションの目の前に、キリンビールさんのビール工場がありました(いまは移転しています)。年に1回、地域の人向けに工場見学出来る日というのがあって、オレンジジュースが飲み放題だったので毎年たのしみにしてました。その時の楽しい記憶がベースにあると思います。**子どもの頃の体験って大事**ですね！

Q 工場見学の仕事でおもしろいと感じるのは？

いろんな人と会えるのがおもしろいです。何十年も、ものづくりをしてる「すご腕の職人さん」や何を聞いても答えてくれる「生き字引のような人」などプロフェッショナルな方々がたくさんいます。そんな人たちに会ったり話をしたりしていると、**世界がどのような人たちに支えられているのか**を感じることが出来ます。

Q 工場見学の達人になるために頑張ったことは？

工場見学だけでなく、何かの達人になるには**「好奇心」と「行動力」と「持続力」が大事だと思います**。「どうやって作られてるのだろう？」などと興味を持つこと、調べて行動すること。人にほめてもらえなくても、自分をほめてあげて勉強を続けること。この3つは忘れないように、いまも勉強をがんばっています！

Q 工場見学の仕事で大変なことは？

わたしたちが運営しているウェブサイト「しゃかいか！」は、日本中のはたらく現場や人を紹介しています。その仕事で大変なのは、**働いている方々のお邪魔をしないように気をつけること**です。貴重な時間を大事に、真剣にお話を聞いて、感じたことを伝えたり、作られている作品や商品を購入したりなにかお返しができるように心がけています。

Q 休日は何をして過ごしていますか？

お出かけしていることが多いです！海や山でキャンプしたり。子どもが２人いて彼らと一緒に工場見学にもたくさん行きましたが、大きくなってきたので一緒にお出かけすることは減ってきました。**一緒にお出かけできる時間は短いので**いろいろお出かけしてください！

Q お気に入りの工場見学スポットは？

世界中で愛されているインスタントラーメン発祥の地大阪府池田市にある**「カップヌードルミュージアム 大阪池田**（P158→「にほんの歴史」掲載）」がお気に入りです！インスタントラーメンを発明した安藤百福さんのものがたりを学んだあとには、「チキンラーメン」を手作りしたり、世界でひとつだけのオリジナル「カップヌードル」を作ることが出来ます。お気に入りの具がたっぷり入った夢の「カップヌードル」を作りましょう！

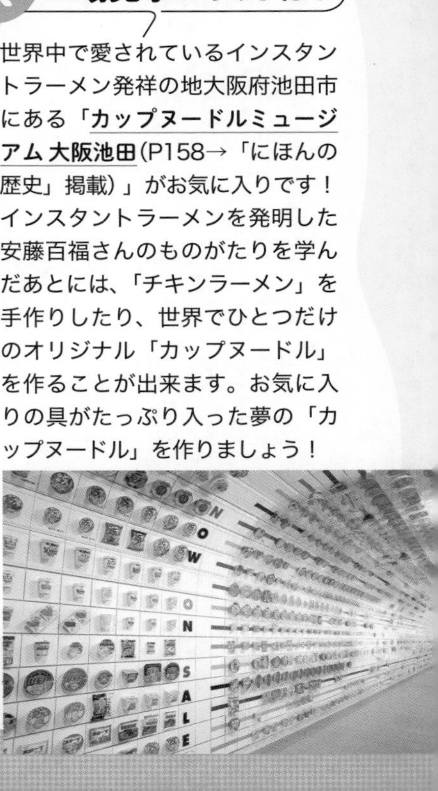

Q 工場見学の達人を目指す子どもたちへメッセージ

家の中を見渡してみましょう！お菓子やジュース、テレビに冷蔵庫。いろんなものがありますね。美味しいチョコレートはどうやって作られるでしょうか？なぜ、冷蔵庫は冷えるのでしょうか？不思議ですね！工場ではいろいろなものを作っている人がいます。ぜひ、いろんな不思議について聞いてみて、楽しく勉強してみてください！

子どもとおでかけ＆旅行情報Webメディア

るるぶKids

「るるぶKids（るるぶキッズ）」は、“子どもとママパパのおでかけや旅行を通して生活をもっと豊かに楽しく”することをコンセプトとした、子育て中のママパパのためのWebメディアです。
子どもとママパパの楽しい思い出をひとつでも多く増やすために、休日のおでかけや長期休み時の旅行に関する、楽しくて役に立つ情報を配信しています。

https://kids.rurubu.jp/

ポイント1 毎日更新♪

ピッタリのおでかけ先がきっと見つかる

その季節ならではのテーマや旬のスポット情報など、新鮮な記事を、毎日お届けしています。公園や動物園、水族館、博物館の詳しい情報に加えて、昆虫採集や星空観察など、自宅近くで楽しめるハウツー記事も充実！

ポイント2 楽しいだけじゃない！

子育ての悩みや不安も解消

「るるぶKids」編集部メンバーは子育て中のママパパばかり！子連れのおでかけ時の不安や悩みを取り除くための情報も満載です。例えば授乳室の有無やベビーカーの貸し出しについてなど情報もばっちり！

ポイント3 “会員限定”がたくさん

るるぶIDの登録で、もっとおトク＆便利に♪

『るるぶ』のさまざまなサービス共通で使える「るるぶID」は、「るるぶKids」でも大活躍！　超おトクなクーポン情報付きメルマガや、毎月恒例の豪華プレゼントへの応募など、会員ならではの特典が盛りだくさんです。

もっと詳しく知りたいなら♪

るるぶKids でさらに詳しい知的好奇心スポットの情報を公開中！

本誌に掲載しきれなかった以下のポイントなどを「るるぶKids」では、より詳しくご紹介。
こちらもおでかけ前にチェックしてみてください。

ポイント1 便利なアクセスは？駐車場はどこが近いの？
実際に役立つリアルな情報を掲載しています。

ポイント2 おむつ替え台や授乳室などは万全？
事前に知りたい情報を細やかに掲載しています。

ポイント3 このほかにも、まだあるみどころや、おすすめの体験やワークショップなども紹介しています。

このQRを読み込んでアクセス

るるぶKids 本もあります！

「こどもの運動能力がぐんぐん伸びる公園 京阪神版」

スポーツトレーナーでパークマイスターの遠山健太氏が、こどもの運動能力をぐんぐん伸ばす、公園での“遊び方”を指南。
オリジナルの選定基準に基づき、「こどもの運動能力を伸ばす」京阪神エリアの100公園を厳選して紹介しています。

るるぶKidsでも公園情報掲載中♪

JTBパブリッシングのデジタルサービスを使って

おでかけをもっと便利に♪

本書P186～191MAPの詳細はコレでチェック

本書の地図がスマホで見られます！

Googleマイマップにアクセスしよう

POINT

●本誌に掲載の全物件がオンラインMAP上で見られます。

●MAP上に現在位置が表示されるので、現地で近くの掲載スポットが探せます。

●ジャンル別索引から行きたいスポットを検索できます。

STEP 1

右記QRコードを読み込みます。

STEP 2

本誌掲載の全スポットをオンラインMAP上で一覧できます。

STEP 3

「恐竜」「動物」などジャンル別に行きたいスポットを検索できます。

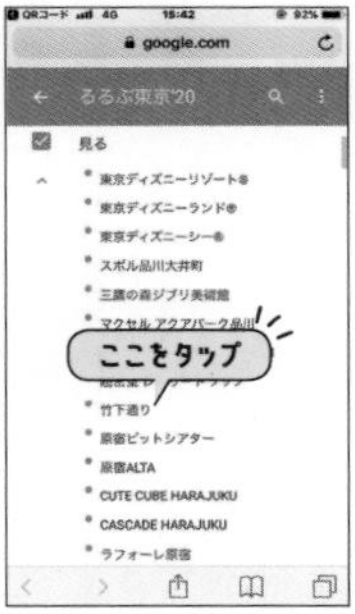

STEP 4

スポットの位置が点灯し、住所や電話番号などが表示されます。

STEP 5

MAP上に現在地が表示され、そこからスポットまでの行き方がわかります。

※説明画面はイメージです。機種により見え方が異なります。

●スポットの掲載位置は2022年10月現在のものです。●当コンテンツはGoogleマイマップを利用したサービスです。本サービスの内容により生じたトラブルや損害については弊社では補償いたしかねます。あらかじめご了承の上ご利用ください。●ブラウザでのご利用を推奨します。●お使いの端末や環境によっては動作保証ができないものがあります。●オンラインでご利用の際には、各通信会社の通信料がかかります。●Googleマイマップで表示される、物件の電話番号や住所等の情報は、本誌に掲載の情報と異なる場合があります。あくまで目安としてお使いください。●本サービスは予告なく内容を変更することや終了することがあります。

るるぶKids　こちらもチェック！

"子どもとママパパのおでかけや旅行を通して、生活をもっと豊かに楽しく"することをコンセプトとした、子育て中のママパパのためのWebメディア。家族のおでかけに、楽しくて役立つ情報を配信しています。

●季節のテーマや旬のスポット情報を毎日配信！

●編集部メンバーは子育て中のママパパばかり！

●るるぶIDの登録で、もっとおトク&便利に♪

関西エリア
0
20km
N
地図上の1cmは12km
scale 1:1,200,000
凡 例
恐竜
宇宙
絵本・アニメ
動物
乗り物
にほんの歴史
昆虫
アート
学べる工場
空港
寺院
城跡
温泉
神社
山岳
駅
新幹線
JR線
私鉄線
ロープウェイ
IC
インターチェンジ
高速道路
有料道路
国道
その他の道路
府県界
市区町村界
D
E
F
1
2
3
4
岐阜県
愛知県
静岡県
滋賀県
三重県
琵琶湖
伊勢湾
三河湾
熊野灘
徳山湖
米原駅
名古屋駅
岐阜羽島駅
三河安城駅
敦賀JCT
米原JCT
養老JCT
一宮JCT
小牧JCT
土岐JCT
美濃関JCT
新四日市JCT
四日市JCT
飛島JCT
上社JCT
豊田東JCT
豊田JCT
亀山西JCT
亀山JCT
関JCT
勢和多気JCT
北陸自動車道
北陸本線
東海北陸自動車道
長良川鉄道
樽見鉄道
高山本線
中央自動車道
名神高速道路
名二環
東海道本線
東海道新幹線
伊勢湾岸自動車道
新名神高速道路
東名阪自動車道
知多半島道路
南知多道路
新東名高速道路
東海道新幹線
飯田線
草津線
関西本線
伊賀線
近鉄名古屋線
近鉄大阪線
伊勢自動車道
近鉄山田線
近鉄志摩線
紀勢自動車道
紀勢本線
44
45
80
60
26
59
16

A
B
C
1
2
3
4
日本海
若狭湾
福井県
鳥取県
兵庫県
京都府
香川県
奈良県
和歌山県
大阪府
徳
播磨灘
大阪湾
瀬戸内海
小豆島
淡路島
山陰本線
鳥取豊岡宮津自動車道
因美線
若桜鉄道
京都丹後鉄道
小浜線
舞鶴若狭自動車道
山陰本線
和田山JCT
綾部JCT
福知山線
春日JCT
京都縦貫自動車道
湖西線
鳥取自動車道
宍粟JCT
佐用JCT
中国自動車道
播但線
播但連絡道路
加古川線
姫新線
智頭急行
播磨自動車道
山陽自動車道
相生駅
播磨JCT
姫路駅
山陽本線
山陽電鉄
吉川JCT
三木JCT
布施畑JCT
新神戸駅
山陽新幹線
新名神高速道路
高槻JCT
吹田JCT
新大阪駅
京都駅
大山崎JCT
名神高速道路
京滋バイパス
草津JCT
JR奈良線
近畿自動車道
西名阪自動車道
郡山下ツ道JCT
近鉄大阪線
西明石駅
垂水JCT
堺JCT
美原JCT
阪和線
南海本線
泉佐野JCT
京奈和自動車道
和歌山線
和歌山JCT
神戸淡路鳴門自動車道
高徳線
高松自動車道
鳴門JCT
徳島自動車道
徳島JCT
徳島
牟岐線
紀勢本線
阪和自動車道
京都・滋賀エリアMAP P190
兵庫エリアMAP P191
大阪・奈良エリアMAP P188-189
4
6
10
15
17
19
20
21
22
24
31
35
36
39
46
52
67
68
77
82
83
Googleマイマップなら
詳細な地図がスマホで
見られます!

大阪・奈良エリア
0
3km
N
地図上の1cmは2.2km
scale 1：220,000
D
E
F
1
2
3
4
茨木市
高槻市
新名神高速道路
神戸北JCT
高槻JCT
高槻駅
樟葉駅
八幡市
八幡東
新名神高速道路
八幡京田辺
八幡京田辺JCT
京田辺松井
田辺北
京田辺PA
松井山手駅
長尾駅
名神高速道路
JR京都線（東海道本線）
阪急京都線
総持寺
茨木
茨木駅
東海道新幹線
京阪本線
枚方市
枚方市駅
ひらかたパーク
淀川
学研都市線（片町線）
京阪交野線
枚方東
枚方学研
田辺西
井出町
京都府
南茨木駅
近畿自動車道
摂津北
鳥飼仁和寺大橋
交野北
交野南
京田辺市
京奈和自動車道
木津川市
摂津市
寝屋川市
寝屋川北
河内磐船駅
私市駅
精華下狛
祝園駅
JR奈良線
加茂駅
伊賀上野駅へ
摂津南
大阪モノレール
寝屋川市駅
星田駅
交野市
精華町
精華学研
守口JCT
第二京阪道路
京阪本線
生駒市
山田川
木津駅
関西本線
寝屋川南
門真市駅
守口市
四条畷駅
門真
門真市
緑の文化園
四條畷市
近鉄けいはんな線
学研奈良登美ケ丘駅
近鉄京都線
木津
旭区
第二京阪門真
門真JCT
大東市
阪奈道路
大東鶴見
城東区
鶴見区
住道駅
生駒山麓公園
生駒駅
奈良奥山ドライブウェイ
放出駅
東大阪北
石切劔箭神社
近鉄奈良線
大和西大寺駅
平城宮跡
東大寺
東大阪市
阪神高速
西石切
東大阪JCT
生駒山
奈良駅
近鉄奈良駅
東成区
第二阪奈道路
近鉄奈良線
奈良県
奈良市
布施駅
おおさか東線
信貴生駒スカイライン
大和郡山市
近鉄郡山駅
郡山駅
東大阪南
八尾市
平群町
平群駅
八尾
八尾PA
近鉄大阪線
河内山本駅
信貴山口駅
近鉄生駒線
法隆寺
関西本線（大和路線）
郡山下ツ道JCT
天理PA
天理
八尾駅
久宝寺駅
信貴山
朝護孫子寺
斑鳩町
法隆寺駅
郡山
平野区
近畿自動車道
関西本線（大和路線）
新王寺駅
大和まほろばスマート
安堵町
天理駅
近鉄天理線
長原
八尾空港
三郷町
王寺駅
河合町
川西町
天理市
松原JCT
柏原駅
柏原市
法隆寺
松原市
松原
藤井寺市
藤井寺
王寺町
三宅町
近鉄橿原線
道明寺駅
香芝市
近鉄田原本線
万葉まほろば線
河内松原駅
奈良街道
西名阪自動車道
香芝
上牧町
美原北
古市駅
柏原
田原本駅
美原JCT
美原
近鉄大阪線
香芝駅
広陵町
田原本町
美原東
羽曳野市
五位堂駅
美原南
羽曳野
近鉄南大阪線
和歌山線
羽曳野東
太子
美原区
近鉄長野線
二上山
狭山駅
葛城市
尺土駅
南阪奈道路
高田駅
大和八木駅
太子町
大和高田市
桜井駅
富田林市
橿原市
畝傍駅
榛原駅へ
大阪狭山市
葛城
近鉄御所線
橿原神宮
桜井市
河内長野駅へ
河南町
橿原神宮前駅
御所駅へ
吉野口駅へ

2	大阪市立自然史博物館	P32
7	海遊館	P44
8	天王寺動物園	P46
9	ニフレル	P48
28	高槻市立自然博物館 あくあぴあ芥川	P80
29	橿原市昆虫館	P82
30	箕面公園昆虫館	P84
32	大阪市立科学館	P90
37	橿原市立こども科学館	P97
47	ダイハツ史料展示館 Humobility World	P117
53	国立国際美術館	P130
54	大阪中之島美術館	P131
55	海洋堂ホビーランド	P132
56	太陽の塔	P133
63	こども本の森 中之島	P144
69	大阪歴史博物館	P156
70	カップヌードルミュージアム 大阪池田	P158
71	国立民族学博物館	P160
73	今城塚古代歴史館	P164
74	造幣博物館	P165
75	大阪市下水道科学館	P166
76	大阪くらしの今昔館	P167
79	奈良県営馬見丘陵公園	P170

京都・滋賀エリア

N

0 3km

地図上の1cmは2.2km

scale 1：220,000

1	滋賀県立琵琶湖博物館	P22
3	京都市青少年科学センター	P34
14	京都水族館	P58
23	京都市動物園	P70
25	嵐山モンキーパーク	P72
38	大津市科学館	P98
42	京都鉄道博物館	P108
43	京都市市民防災センター	P110
48	KUZUHA MALL SANZEN-HIROBA	P118
49	ジオラマ京都JAPAN	P119
58	漢字ミュージアム	P135
61	滋賀県立美術館	P138
62	ガーデンミュージアム比叡	P139
66	京都国際マンガミュージアム	P148

兵庫エリア
0
3km
N
地図上の1cmは2.2km
scale 1：220,000
5 兵庫県立人と自然の博物館 P38
11 AQUARIUM × ART átoa P52
12 神戸どうぶつ王国 P54
13 神戸市立王子動物園 P56
18 神戸市立六甲山牧場 P65
27 伊丹市昆虫館 P78
33 バンドー神戸青少年科学館 P92
34 伊丹市立こども文化科学館 P94
40 神戸海洋博物館 P104
41 カワサキワールド P106
50 竹中大工道具館 P124
51 兵庫県立美術館 P126
57 ROKKO森の音ミュージアム P134
64 宝塚市立手塚治虫記念館 P146
65 こども本の森 神戸 P147
72 阪神・淡路大震災記念 人と防災未来センター P162
78 甲子園歴史館 P169
81 めんたいパーク神戸三田 P176
A
B
C
1
2
3
4
三木市
三田市
川西市
池田市
宝塚市
兵庫県
伊丹市
西宮市
芦屋市
神戸市
北区
東灘区
灘区
中央区
兵庫区
尼崎市
大阪市
大阪府
大阪湾
千丈寺湖
青野ダム
有馬富士公園
広野駅
新三田駅
三田駅
三田西
上荒川PA
吉川JCT
神戸三田
赤松PA
ウッディタウン中央駅
フラワータウン駅
神戸電鉄公園都市線
JR宝塚線(福知山線)
宝塚西谷の森公園
宝塚北スマート
宝塚北SA
道場駅
横山駅
千苅ダム
新名神高速道路
切畑トンネル
中国自動車道
大沢
神戸JCT
神戸北
西宮北
西宮山口JCT
西宮名塩SA
武田尾駅
武庫川
西宮名塩駅
山陽自動車道
淡河PA
三木JCTへ
六甲北道路
神戸電鉄三田線
北神戸線
有馬街道
清澄寺
中山寺
中山寺駅
阪急宝塚線
能勢口駅
川西能勢口駅
川西池田駅
池田駅
能勢電鉄妙見線
五月山公園
生瀬駅
宝塚駅
宝塚
中国池田
柳谷JCT
有馬口駅
有馬口JCT
有馬温泉駅
有馬温泉
芦屋ドライブウェイ
六甲有馬ロープウェー
六甲山
唐櫃
唐櫃南
神戸電鉄有馬線
箕谷JCT
布施畑JCTへ
阪神高速北神戸線
六甲山トンネル
六甲道路
六甲ケーブル
六甲トンネル
山陽新幹線
阪急今津線
阪神競馬場
甲山森林公園
甲陽園駅
東光寺
阪急甲陽線
廣田神社
西宮北口駅
阪急神戸線
伊丹駅
阪急伊丹線
大阪国際空港
福知山線
吹田JCTへ
塚口駅
名神高速道路
尼崎
尼崎駅
夙川駅
芦屋駅
西宮駅
西宮神社
今津駅
西宮
東海道本線(JR神戸線)
阪神本線
武庫川駅
尼崎駅
大物駅
阪神高速神戸線
阪神なんば線
武庫川線
阪神高速湾岸線
尼崎西宮芦屋港
新神戸トンネル
鈴蘭台駅
摩耶山
布引ハーブ園
新神戸駅
灘駅
住吉駅
山陽本線
岩屋駅
三ノ宮駅
元町駅
ハーバーハイウェイ
六甲ライナー
アイランドセンター駅
マリンパーク駅
六甲アイランド
山麓バイパス
天王谷
湊川神社
神戸駅
兵庫駅
和田岬駅
和田岬
神戸港
ポートライナー
ポートアイランド
神戸空港駅
神戸空港
名谷JCTへ
淀川
舞洲緑地
JRゆめ咲線
大阪駅
USJ
桜島駅
海遊館
港大橋
大阪港
ATC
ニュートラム
三宝JCTへ

るるぶKids
こどもの知的好奇心がすくすく育つ学びスポット
関西

初版印刷　2022年12月15日
初版発行　2023年1月1日

●監修　瀧 靖之
●編集人　古川美晴
●発行人　盛崎宏行
●発行所　JTBパブリッシング
〒162-8446　東京都新宿区払方町25-5
編集…03-6888-7860
販売…03-6888-7893
https://jtbpublishing.co.jp/
●編集・製作　情報メディア編集部
●編集スタッフ　秋山美恵／高石麻衣
●取材執筆　Clay（西絵美／杁山穂花／飯田佐智／渡邊真由子／徳島麻緒／能勢太郎）
ウエストプラン（松田きこ／都志リサ／トヨダヒロミ／中田優里奈／外園佳代子／木村桂子
滝野利喜雄／安田良子／磯本歌見）
●デザイン　BUXUS（佐々木恵里）
●写真協力　能勢太郎／直江泰治／白石卓也／丸谷達也
国立民族学博物館／関係各施設／PIXTA
●地図　ユニオンマップ
●イラスト　コットンズ（三宅桂加）／ArthurLynx
●組版　エスティフ
●印刷所　佐川印刷

222091 808700
ISBN978-4-533-15192-7 C2026

【参考文献】
Ainley M., *et al.,* Journal of Educational Psychology, 2002
Rathunde K. *et al.,* Journal of youth and adolescence, 1993
Roberta MM. *et al.,* Journal of Advanced Academics, 1997
Root-Bernstein R. *et al.,* Journal of Psychology of Science and Technology, 2008
Hoffman ML, Developmental Psychology, 1975
Zajonc RB., Journal of Personality and Social Psychology, 1968
Rizzolatti G., *et al.,* Ann Rev Neurosci, 2004
Iacoboni M *et al.,* Nature Reviews Neuroscience, 2006

●本誌に掲載している地図は、国土地理院発行の数値地図（国土基本情報）電子国土基本図（地図情報）、数値地図（国土基本情報）電子国土基本図（地名情報）および数値地図（国土基本情報20万）を編集・加工して作成しました。
●本誌掲載のデータは2022年10月現在のものです。発行後に、料金、営業時間、定休日、メニュー等の営業内容が変更になることや、臨時休業等で利用できない場合があります。また、各種データを含めた掲載内容の正確性には万全を期しておりますが、開園状況や施設の営業などは、大きく変動することがあります。おでかけの際には電話等で事前に確認・予約されることをお勧めいたします。なお、本誌に掲載された内容による損害等は弊社では補償しかねますので、予めご了承くださいますようお願いいたします。●本誌掲載の料金は、原則として取材時点で確認した消費税込みの料金です。また、入園料などは、特記のないものは大人料金です。ただし各種料金は変更されることがありますので、ご利用の際はご注意ください。●交通表記における所要時間はあくまでも目安ですのでご注意ください。●定休日は原則として年末年始・お盆休み・ゴールデンウィーク・臨時休業を省略しています。●本誌掲載の利用時間は、原則として開店（館）～閉店（館）です。ラストオーダーや入店（館）時間は、通常閉店（館）時刻の30分～1時間前ですのでご注意ください。ラストオーダーはLOと表記しています。